教师工作系列丛书

U0646648

# 师德突出问题典型案例评析

## 中学教师读本

*Shide Tuchu Wenti Dianxing Anli Pingxi*

全国师德教育研究课题组　组编

顾明远　主审

北京师范大学出版集团
BEIJING NORMAL UNIVERSITY PUBLISHING GROUP
北京师范大学出版社

**图书在版编目（CIP）数据**

师德突出问题典型案例评析——中学教师读本／全国师德教育研究课题组组编. —北京：北京师范大学出版社，2014.7（2014.8 重印）

ISBN 978-7-303-17137-8

Ⅰ. ①师… Ⅱ. ①全… Ⅲ. ①中学教师－师德－案例 Ⅳ.①G635.16

中国版本图书馆CIP数据核字（2013）第 238018 号

营 销 中 心 电 话　　010-58802181　58805532
北师大出版社高等教育分社网　　http://gaojiao.bnup.com
电 子 信 箱　　gaojiao@bnupg.com

出版发行：北京师范大学出版社　www.bnup.com
　　　　　北京新街口外大街 19 号
　　　　　邮政编码：100875

印　　刷：三河市兴达印务有限公司
经　　销：全国新华书店
开　　本：170 mm×230 mm
印　　张：8.75
字　　数：144 千字
版　　次：2014 年 7 月第 1 版
印　　次：2014 年 8 月第 4 次印刷
定　　价：18.00 元

策划编辑：陈红艳　　　　　美术编辑：焦　丽
责任校对：李　菡　　　　　责任印制：陈　涛

# 全国师德教育研究课题组

# 出 版 说 明

《师德突出问题典型案例评析丛书》（幼、小、中各一册）是受教育部教师工作司委托，为创新师德教育，突出师德教育的针对性和实效性而组织编写的，适用于师范生、新任教师和在职教师的师德教育。

长期以来，全国广大幼儿园与中小学教师为我国教育事业的改革和发展做出了重要贡献，赢得了全社会的广泛赞誉和普遍尊重，涌现出许许多多师德高尚、业务精良的优秀教师，汶川大地震中奋不顾身抢救学生生命的英雄教师群体、"最美女教师"张丽莉等都是其中的杰出代表。但是，近年来极少数教师严重违反师德的现象时有发生，引起了社会广泛关注，损害了教师队伍的整体形象，不得不引起我们的高度重视。

2013年9月，教育部印发了《关于建立健全中小学师德建设长效机制的意见》，提出构建教育、宣传、考核、激励、监督、惩处、保障七大机制相结合的师德建设长效机制。今年年初，教育部又印发了《中小学教师违反职业道德行为处理办法》，明确规定教师不可触犯的十条禁行行为，为教师划定了"师德底线"。为配合教育部关于加强教师师德建设的总体要求和工作部署，切实解决当前出现的师德突出问题，引导教师立德树人，为人师表，教育部教师工作司委托全国师德教育研究课题组编写《师德突出问题典型案例评析丛书》，旨在坚定教师的职业理想与信念，规范教师的教育行为，提升教师的职业道德修养，预防教师的失德行为，促进教师更好地做到以德治教、以德育人。

本套丛书坚持问题导向，以当前幼儿园、中小学校中发生的正反典型案例为切入点，对于体罚或变相体罚学生、以职谋私、歧视学生、责任意识淡薄、忽视学生生命安全等师德突出问题进行了全方位、多角度的评析，着力厘清认识误区，统一思想观念，深入分析师德突出问题背后的原因，重点介绍在具体的问题情境下教师该如何做、应如何行止有度。教师可以对照本书中的案例与分析，对于一些优秀教师的教育行为，可以见贤思齐；

1

对于一些负面的教育行为，可以加强自省，有则改之，无则加勉。

　　为了使本套丛书能够更好地适应当前师德教育的新特点和新需求，在教育部教师工作司的指导、支持下，课题组经过多次讨论，历时一年多的写作、修改与完善，丛书得以付梓。期间，在教育部教师工作司殷长春副司长的主持下，召开了 2 次专家评审会，北京师范大学顾明远教授、朱小蔓教授，《中国教育报》翟博总编辑，北京教育学院副院长钟祖荣教授，北京中关村第三小学刘可钦校长对丛书编写提出了非常中肯的意见和建议。尤其是本套丛书的主审顾明远先生，对历次修改稿均进行了细致严格的审阅、把关，顾先生严谨治学，宽厚待人的高尚品格，令每一位课题参与者肃然起敬！教师工作司赵建军处长，全程参与课题的研讨与写作，给予了课题组深入具体的指导与大力协助。在此，一并致以诚挚的感谢。希望本书的出版，能够对推进当前幼儿园及中小学教师的师德建设提供助力。虽然课题组在编写时努力精益求精，由于能力有限，丛书还存在不足之处，恳请读者批评指正！

全国师德教育研究课题组

2014 年 5 月

# 目　录

**附录**

# 师德为先，育人为本

## ——中学教师职业道德修养与成长

## 一、中学教师职业道德的内涵

### 1. 教师职业道德的内涵与特点

教师职业道德简称师德，是教师在长期的教育教学实践中形成的稳定的道德观念、道德品质和行为规范的综合，是教师思想觉悟、道德品质、个性魅力和精神面貌的集中体现，是教师的专业伦理规范。

师德的内涵具有内生性与外显性特点，师德的关键就在于将所认同的价值转换成为自身实践的品格，因此，师德也表现为教师内化社会公认的教育价值，并外在表现为符合教育相关规范的行为。"师德乃是教师人生的根本标示，师德修养贯穿教师专业发展的全过程，是引领教师职业行为的内在灵魂。"①

**小贴士**

### 小贴士：师德的本质②

师德不仅含有道德，也含有世界观、人生观、价值观、政治立场和态度、法纪观念和行为等。师德不限于教育活动的需要，也是社会公民和先进分子应具备的素质。这不是对师德的苛求，而是教师的社会地位对其角色和本色素质的客观规定。

### 2. 中学教师职业道德的基本内容

中学教师职业道德是指中学教师在从事教育教学活动中遵守的行为准

---

① 唐凯麟，刘铁芳. 教师成长与师德修养. 北京：教育科学出版社，2011：1
② 王逢贤. 师德建设的理论思考. 中国教育学刊，1997(4)

1

则和道德规范的总和，是中学教师在教育教学活动中必须具备的道德品质。中学教师职业道德包括了中学教师的职业理想、职业责任、职业态度、职业良心、职业作风以及人格特质等诸多方面。中学教师职业道德既体现为敬业爱生，关爱学生身心健康，尊重学生人格，也体现为为人师表，严慈相济，公平对待学生，还表现为高度的责任意识，自觉保护学生生命安全。

师德是中学教师最为重要的品质，师德水平是人民群众对中学教育工作满意与否的一个重要标尺。从师德的层次来区分，既包括具有激励功能的师德理想，也包括有指导功能的师德原则，还包括有约束功能的师德规则。师德理想是对教育人员精神品质的要求，更多地指向教育者的思想、情感、态度、价值观而不是行为；师德原则是对教育者的职业规范要求，规定了行为的"基准"，是通常情况下需要达到的；师德规则是教育者所需要达到的最基础行为要求，规定的是教育者从教的行为底线，在任何情况下都不得违反。

### 3. 敬业爱生是师德的灵魂

我国著名教育家顾明远先生指出，爱是师德的核心，没有爱就没有教育；而不懂得爱的实质，缺乏爱的能力与智慧，将会是不合格的教师。教师虽平凡，却具有神奇的影响力，不经意间的一个眼神、一个动作、一句话，都有可能触动学生的心灵。简言之，中学教师职业道德的根本落脚点在于关爱学生，没有爱就没有教育。而爱的本质是尊重、理解和信任学生。

师德在实践中应体现为敬业爱生。爱生是指教师从高度的工作责任心和社会责任感出发，全身心地关爱每个学生；对所有学生一视同仁、严格要求；对学生不偏爱、不歧视、不讽刺、不体罚；尊重学生人格、个性和自尊心。教师对学生一定要有包容之心，充满对学生的教育情怀。

中学教师应秉持师德为先、学生为本的理念，这既是底线要求，也是最高要求。中学教师关爱学生所表现出来的对学生的友爱和关心，是以积极的情感方式为中介去正面影响学生。中学生正处于青少年时期，是个体发展从不成熟走向成熟、从儿童走向成人的过渡时期，也是人生发展过程中的一段特殊时期。这种特殊不仅表现在身体发育加快，第二性征开始成熟，更重要的是身体和生理的急剧变化使得中学生的心理发展出现许多新变化，如积极谋求独立、尝试建立明确的自我概念、学习适应成人社会等。①
对于身心正处于剧烈变化中的中学生来说，他们迫切需要教师全面的引导
与关爱，从而使其身心能够健康、和谐地发展。唯有爱的雨露才能催开最
美的花朵；唯有爱的交流，才能搭起师生之间心灵的彩桥。

## 二、师德在中学教育中的重要作用

中学教师的职业道德水平，直接关系到中学德育工作状况和千万中学
生的健康成长。加强中学教师职业道德，具有深远的意义。

1. 师德是教师职业的灵魂，倡导师德有助于中学教师树立正确的
职业理想

中学教师有了高尚的师德，就能够在教育实践中逐渐形成正确的职业
理想，促使中学教师自觉地把本职工作、个人理想与祖国的繁荣富强紧密
地联系在一起，志存高远，爱岗敬业，乐于奉献，积极推进教育创新，全
面实施素质教育，不断提高教育质量，以高尚的情操引导中学生全面发展。
这不是对中学教师的苛求，而是教师职业的本质要求，更是对中学生的高
度负责。保持对教师职业的无限敬畏，是新时期中学师德的重要伦理特质，
也是对教师自己人格尊严和职业幸福的敬畏与保护。

2. 师德是教师最重要的素质，倡导师德有助于中学教师自觉提升
专业能力和专业伦理，形成科学的专业自我

对于中学教师而言，倡导师德、自觉加强师德修养有助于提升专业能
力和教育效果。同时，加强师德修养，提升道德认识，能够促使中学教师
树立先进的教育理念，自觉遵循教育规律，积极推进教育创新，全面实施
素质教育，不断提高教育质量，改进自己的教育教学方法。此外，加强师
德修养，可以帮助中学教师形成正确的世界观、人生观和价值观，树立育
人为本、德育为先的思想，促使教师自觉提高自己的专业伦理，把学生当
作活生生的有独立人格、平等的"人"来看待，富有爱心、责任心、耐心和
细心，主动地全面关心学生成长，尊重学生，公平公正地对待学生，因材
施教，形成相互尊重、教学相长的师生关系。在此基础上，中学教师要时
刻站在道德的制高点上审视自己的言行，看清楚自己的专业发展方向，从

---

① 杨跃. 中学生发展. 南京：南京师范大学出版社，2009：11

而形成科学的专业自我，在中学生的生命成长中实现自己的生命价值和专业理想。

3. 中学教师良好的师德修养有助于中学生健康成长

中学教师良好的师德修养是中学生心灵和谐的关键。高尚的师德，是对学生最生动、最具体、最深远的教育。教师之教，最重要的是要将学生教育成人。中学教师模范遵守职业道德规范，以身作则，为人师表，就可以在无形中以自己良好的思想和道德风范去影响和培育学生。具有良好师德修养的中学教师，他们通过言传身教，向学生传递正确的价值观，从而将学生也培养成有品格的人；他们对学生的关心和爱护潜移默化作用于学生心灵，让学生们感觉自己受到重视、尊重和不可或缺、不可替代，从而让学生们形成对教师的信任感和开放性态度，当学生们进入社会之后，这种信任和开放的精神状态又会构成他们面对他人、面对社会的基本意向性基础。

4. 中学教师良好的师德修养有助于中学教师内在心灵的和谐

良好的师德修养可以使教师更加宽容和充满希望，重新建立心灵的平衡。教师的修养提高了，就会多看别人的优长，多反省、检查自己的问题，这样教师自身就会常常看见生活和生命中的正面性，从而为教师自身生活品质的提高，增进教师心灵的和谐奠定基础。可以说，中学教师是否公正、是否有包容的爱和严慈、是否尊重并关爱学生个体生命、是否愿意与学生的生命共同进步和成长等道德修养，将直接决定师生间能否实现关系的和谐性。

# 三、现阶段中学教师职业道德的突出问题

长期以来，我国中学教师绝大部分兢兢业业、乐于奉献、安于清贫，赢得了全社会的广泛赞誉与普遍尊重。不过，近年来少数中学教师违反师德的现象时有发生，损害了中学教师队伍整体的良好形象。少数中学教师在师德方面存在的问题主要表现在以下方面：

1. 育人责任意识淡薄

少数中学教师育人责任意识淡薄，表现在工作上和师生关系上就是不敬业、不爱生——教学惰性明显，不思进取；只管教书，不管育人，片面追求升学率，只抓学习，忽视学生思想教育和心理指导，对待学生尤其是

问题学生，教育方法简单粗暴，损害学生自尊心。更有甚者，在突发事件面前，置学生的生命安全于不顾，逃避自己对学生的教育、管理和保护责任。

**2. 以教谋私**

在当前市场经济条件下，少数中学教师的道德取向发生偏差，其人生追求过于世俗化、功利化，甚至将社会上一些不正当做法引入教育领域，利用职业优势谋取个人私利。如不安心本职工作，热衷于有偿家教；利用教师节等节假日大肆收取礼金、礼品等。

**3. 教育歧视**

在应试教育和急功近利的价值观驱动下，少数中学教师往往以考试成绩论英雄，对学习成绩好、家庭条件优等处于强势地位的学生给予过多关注，而对学习成绩差、学习能力不足等处境不利的学生进行多方面的歧视。

**4. 体罚学生**

少数中学教师仍然受到封建教育思想影响，紧抱着师道尊严的架子不放，曲解了教师教育权威的含义，难以做到与中学生平等交往，不重视通过对话、沟通、换位思考解决学生可能出现的问题与不足。在这种思想的影响下，少数中学教师依然奉行教师中心主义，工作方式粗暴，往往实行棍棒教育，动辄对学生进行体罚与变相体罚，甚至恶意侮辱、谩骂学生，还错误地认为这是对学生负责，认识不清错误体罚与合理惩戒的区别，法律意识淡薄。

**5. 德育专业化程度低**

德育是一种专业品质和专业智慧，是育人的艺术。要切实提高德育的实效，就一定要全方位提升教育工作者的德育专业化水平。北京师范大学檀传宝教授指出，"教师专业化"不仅有"教学"维度，也应该有"德育"维度。教师德育专业化不仅包括德育教师专业化，而且包括对所有教育工作者在德育智能上的专业要求。[①] 目前，我国不少中学教师德育专业化维度严重缺失，德育方面的专业训练先天不足，严重制约了德育实效及教育品质的提高。

---

① 翟晋玉. 德育专业化：教师发展不可或缺的维度. 中国教师报，2012-06-20

## 四、师德培养的途径

　　师德修养是中学教师职业生涯发展的重要组成部分。提高中学教师职业道德修养水平，让教师幸福地工作，学生快乐地成长，是在中学教育阶段实现师生同命运、共成长理想的前提。就中学教师而言，提高师德修养的基本路径有两条：其一，在实践中修炼师德。师德培养绝不是空洞的说教，而是在现实的教育教学活动中、在师生交往中形成的，当中学教师"以一个活生生的生命展现在他的学生面前，当他的生命融入到了学生的生命中时，教师对学生的影响才是可能的，这时的教育也才是有效的"。[①] 中学教师一定要回到教育职场，回到鲜活的教师生活，回到与学生的生动交往过程中来完善自身师德。中学教师职业道德修养的提高源于中学教师对教育职业的价值认同以及对其所认同和追求的价值进行行为和实践上的选择。其二，提高理性认知能力。中学教师一定要充分了解学生，切实把握中学生身心特点和发展动态。中学教师要切实理解中学生和中学教育的特点，从而提高教育教学的针对性和实效性。中学教师面向的教育对象是思想、

------

　　① 朱小蔓等．教育职场：教师的道德成长．北京：教育科学出版社，2004：106

道德、身心发展处于关键时期并正在成长着的有个性、有思想、有感情的青少年群体。中学教师不仅要负责对中学生完成知识和技能基础的教育任务，又要使初等教育阶段培养的良好行为习惯常态化和稳定化，同时还要负责为上一级学校输送优秀人才，所以针对中学教师职业道德的要求极高。

当然，中学师德修养的提高是需要一个长期过程的，这主要基于中学教师对于教育职业的价值认同以及他为追求自己的教育理想所能付出的努力程度。对教育价值的自觉认同使得中学教师在从事教育工作时能够从中获得实现价值的幸福感；中学教师不断的意志努力可以提高自身在复杂教育情境中进行价值选择和做出适宜行为的能力。二者兼备，师德修养方能够有效提高。对于中学教师而言，理论学习、实践反思、榜样模仿和专业修炼是养成师德的四种有效可行的途径。

1. 理论学习：引领师德成长

育人是一项复杂而艰巨的工作，教师要有深厚宽广的理论根基，教师的德育影响力应当在专业发展中凸显出来。教师的德育专业能力是以其知识素养为前提和条件的。作为德育主体的教师首先必须具有一定的"学科专业"水平，中学教师要通晓一定的伦理学、哲学、社会学、政治学、法学等与德育内容直接相关的学科专业知识。更为重要的是，教师必须具备德育理论、德育心理学等方面的"教育专业"素养，对德育内容和策略的原理有具体、深入的认识。中学教师要做到博闻广识，在自觉加强自身人文素养的前提下不断提升教师的德育专业能力。同时，中学的教育内容是不断更新的，中学生也处于迅速成长的过程中，中学的教育发展日新月异。因此，中学教师要有学到老、活到老的职业意识，与时俱进地学习先进的教育思想与教育理念，紧跟时代的步伐。我国著名特级教师、优秀班主任魏书生以"三养"来严格要求自己，即在道德情操上要做一个有修养的人，在业务能力上要做一个有素养的人，在文化品位上要做一个有学养的人。中学教师要借鉴魏书生对自己的"三养"要求，不断增进自己的教育智慧，提升自己的德育境界。

2. 实践积累：筑牢师德根基

师德是行动中的美德。只有在具体的德育实践中，不断自我锻炼和自我完善，坚持不懈，求真务实，师德修养才能富有成效。中学教师一方面要认真学习师德修养的相关理论，不断提高师德认识，树立高尚的道德理想；另一方面，要注意理论联系实际，坚持知行合一、身体力行，从小处着手，"细微之处见精神"，将道德理想、师德理论付诸行动。中学教师要善于"积小善成大德"，在日常教书育人、为人师表过程中，在具体的教育教学工作中实践和完善自我师德修养。可以说，通过经验积累进行学习、反思是教师专业理念和师德生成的实践来源。因而，中学教师还要通过对自己所进行的教育工作实践的反思，从自身的经验中体悟、总结、升华，从而切实提升自己的德育水平与效果。善于反思和内省，是不断提高师德修养的基础。中学教师对教育实践的反思大体包含三个层次：一是技术的反思，即对教育实践中所运用的各种教育技能和教育方法的有效性进行反思；二是实践的反思，即对教育理论在实践中运用结果的反思；三是批判的反思，即对教育实践的伦理或道德方面的规范性的反思。① 对于一些优秀教师成长的分析中也能发现，伟大的教师来自于伟大的教育实践，而伟大的教育实践来自于对道德良知的敬畏和对自我实践的深刻反思与不断追问。师德就是教育良心。中学教师要时刻对自己的教育良心进行百般叩问，要"一日三省吾身"，反思自己的教育行为，而不是习惯于指责、批评学生。中学教师要在日常教育生活中自觉地将知、行、思相互结合，不断为师德的成长筑基。

3. 榜样模仿：树立师德标杆

"以人为镜，可以明得失"。师德模范不仅是一面镜子，也是一个标杆。我们通常确认的专业伦理，特别是教师的道德品质是：公平、正义、公正、值得信任、诚实、正直、勇敢、奉献、勤奋、尊重、责任心、友好、谨慎、怜悯、温柔、耐心、理解、友善、谦逊、文明、坦率和宽容。② 这些道德品质很难在一个普通的中学教师身上都得以体现。中学教师要见贤思齐，主动向先进的师德模范学习，敢于正视自己的不足与失误，在榜样模仿中不断提升自身的师德水平。榜样具有无限的力量。实践证明，对美德的持续习得能够塑造一个人的品格，以这样的方式进而使人适应于过一种美德生活，在这种生活中，良好的思想和行为成为他们作为人的第二自然延伸。中学教师就是要在自觉模仿中反思并改进自己的言行，逐渐将师德模范的

---

① 熊川武．反思性教学．上海：华东师范大学出版社，1999：2
② ［加拿大］伊丽莎白·坎普贝尔．伦理型教师．上海：华东师范大学出版社，2010：29

高尚品德转化为自己面对日常教育的道德抉择时必备的德性品质。

中学教师学习模仿的榜样主要有两类：一是主流舆论宣传中的师德模范，包括感动中国年度人物、各省市的师德标兵乃至优秀作品中所塑造的学习典型，这些师德模范虽然不一定直接出现在教师的生活世界中，但他们的事迹更具有震撼力和道德说服力。如临危不惧、舍己救人的"最美女教师"张丽莉、雅安地震中用自己的血肉之躯拼死保护学生的灾区中学教师们、为保护学生安全而勇斗歹徒的陆荣飞等，都为我们树立了师德的标杆和人性的高度。二是教师身边的先进典型，这些师德模范虽然不一定为媒体舆论所关注，但却能够为中学教师提供最直观、最生动的示范，可直接借鉴、运用于自己与学生的交往过程中。中学教师要注意把师德模范的言行内化为自身的道德信念，并以此来支配自己的教育行动。我们坚信，当中学教师对师德榜样的模仿、学习坚持由自发上升到自觉、自主的层次时，教师将不但具有道德问题的意识、辨别是非的能力，还将形成良好的判断力、道德勇气和正直的品性。

4. 专业修炼：升华师德境界

师德是一种知识，需要不断加深理解；师德是一种实践体验，需要在做中学，从做中提高；师德是一种无声的榜样，需要我们去学习、效仿；师德更是一种专业境界，是一种道德觉悟，或者说是一种精神上的高贵和灵性闪耀之光。中小学教师面对社会公众对自身师德的呼唤，要主动内求，不断提升师德的伦理自主性。著名教育家顾明远多次阐释自己的教育真言，他说："没有理解，就没有爱；没有兴趣，就没有学习。教师育人总在细微处，学生成长往往在活动中。"顾明远教授这质朴的话语，饱含了深刻的哲理和他对教师的深情。作为教师唯有不断反思，升华师德境界，才能无愧于"人类灵魂的工程师"的赞誉。

近些年来，我国在中小学师德建设方面有许多实践探索，成绩明显。2008年，教育部进一步修改完善了《中小学教师职业道德规范》。2013年，教育部发布了《教育部关于建立健全中小学师德建设长效机制的意见》(教师[2013]10号)，目的是贯彻落实《国务院关于加强教师队伍建设的意见》，以社会主义核心价值体系为引领，充分尊重教师主体地位，大力弘扬高尚师德，切实解决当前出现的师德突出问题，引导教师立德树人，为人师表，不断提升人格修养和学识修养，努力建设一支师德高尚、业务精湛、结构合理、充满活力的中小学教师队伍。以上这些举措，为加强我国中学阶段教师职业道德建设提供了指针。但教师是具有高度教育责任和道德使命的特殊群体，更需要道德自律，要主动反省。只有敢于正视自己的失误，不断过滤心灵的杂质，反思并改进自己的言行，我们的教育才会奏效。

　　本书重点围绕敬业爱生、捍卫职业尊严等专题编写，从案例剖析入手，澄清概念内涵，分析问题的原因，提出对策建议。其实，师德问题是复杂的，其原因是综合的，解决起来更非一日之功。本书的编写，目的是为我国广大中学教师改善教育教学、特别是提高自身师德水平，提供适当的借鉴和参考。我国各省市、各地区、各学校以及教师之间的水平差异是明显的，如何强化师德建设，成就伟大的教师，需要大家共同努力。但愿本书的编写，能够成为我国中学教师职业道德建设的一个火种，以助广大中学教师高尚师德之火呈现燎原之势，并照亮青少年身心健康成长、人生幸福的路程。

# 专题一  敬业爱生，践行教师职业道德

## 一、典型案例

### 案例一：最美女教师张丽莉

　　2012年5月8日，黑龙江省佳木斯市第十九中学教师张丽莉，在一辆客车突然失控并冲向学生的危急时刻挺身而出，为抢救学生被卷入车下遭到碾压，造成双腿粉碎性骨折、高位截肢。

　　回顾张丽莉受伤的那一幕，第十九中学教师李金茹泣不成声。那天，距离李金茹几米外的张丽莉站在车旁正在疏导学生。突然，原本停在路旁的客车猛地向学生们冲过来。危急时刻，只见张丽莉向前一扑，将车前一名吓傻的学生用力推到一边，自己却被无情的车轮碾到了下面。"我当时第一反应是丽莉完了，大喊快救张老师。孩子们也高喊，张老师怎么了！"李金茹说："其实丽莉当时如果躲开完全有充足的时间，但她把精力放在救学生上了！""丽莉呵护学生胜过自己。"第十九中学副校长靳艳萍说，她还有一

次保护孩子的故事在学校传为佳话。2009 年冬天，张丽莉班里有一名学生生病了。她领着几名班干部去看望。过马路时一辆自行车因为坡路太滑，摇摇晃晃地朝学生闫泓轶撞了过来，眼看就要撞上了。这时，张丽莉猛地一把将闫泓轶揽在怀里。闫泓轶没什么事，可是张丽莉却被自行车撞了个正着，狠狠地摔在了地上。"丽莉在生命垂危的时候，还惦记着她的学生。"哈尔滨医科大学附属第一医院 ICU 主任赵鸣雁说，"张丽莉昏迷多天后，醒来的第一句话是，那几个孩子没事吧！"

高位截肢后，她的亲人和医护人员都不敢想象她知道真相的后果会是怎样。出人意料的是，张丽莉不仅很快接受了事实，还反过来安慰父亲说："当时车祸的场景我还记得，很幸运，如果车轮从我的头碾过去，你就看不到我了，我救了学生，也保住了命，今后一定会幸福的。"有人问张丽莉，"你后悔吗？"她回答："不后悔。这样做是我的本能。我已经 30 岁了，我已和父母度过 30 年的快乐时光。那些孩子还小，他们的快乐人生刚刚开始。"

张丽莉临危不惧、舍己救人的英雄事迹引起社会各界的高度关注，并被评为全国优秀教师、全国三八红旗手、2013 感动中国年度人物等。面对这些荣誉，张丽莉看得很淡，她说："不要把我当作英雄，我只是尽了自己应尽的责任。希望自己赶快好起来，回到讲台，继续为孩子们上课。"张丽莉不愧为"最美女教师"。①

## 案例二：最敬业教师边打吊针边给学生上课

2009 年 11 月 20 日，江苏省邳州新城中学教师冯海边打吊针边给学生上数学课。此事件被帖到网上后被国内其他各大知名论坛疯狂转载，冯老师被誉为"最敬业教师"。

12 月 11 日下午，《潇湘晨报》新闻记者辗转联系上了当事人冯海老师。冯老师介绍了当时的情况，他说那天是 11 月 20 日上午，第一节有他的课，由于感觉肚子不舒服，再加上第二节没有课，于是就到校医务室打点滴，因为医生给开了两瓶点滴，没想到一下打了很久，而第三节还有课，考虑到不能耽误了事，于是就匆忙赶到教室，想让学生做习题，结果有人不会，

---

① 丁志军．教师的楷模——记黑龙江佳木斯第十九中学教师张丽莉．人民日报，2012-08-21

他就上台讲了一会课。而就在这时，一位负责学校活动摄影，做宣传的曹老师路过，被他拍了个正着，当时也没有觉得有什么，接着曹老师将照片上传到学校发通知用的内部公共邮箱里，密码许多人都知道，而照片到底是谁传到网上去的，已无从查起，因为曹老师说也不是他传的，自己也是在接到朋友的电话，才知道网上有人议论他的，而这也就证明上传到网上并非他本意。冯老师认为："不能耽误学生的课，这是一个老师应该做的事，也可以说是微不足道的，不值得宣扬。"

"这才是教师楷模，才不愧'人类灵魂的工程师'的称号！"许多网友对该老师表达了敬意，并产生了共鸣，认为这个老师应该受到表彰，比如给个优秀教师称号什么的，或给一些物质慰问，其精神也值得广大教师学习。"真令人感动，让我想起了自己的一位老师，我有小孩了也想把他送到这样认真负责的老师班里去，在这个班上的学生如果不认真学习，实在对不起老师的一片苦心，祝这位老师早日康复。"[1]

---

[1] 耿红仁. 网帖曝最敬业教师边打吊针边给学生上课. 腾讯网·新闻中心，2009-12-12

### 案例三：中学老师翻山越岭访遍全班 59 名学生

肖国成是湖北省十堰郧县实验中学八(6)班的班主任。2011 年 7 月起，为全面了解学生情况，在 4 个月时间里，肖国成利用 30 多个休息日共骑行了 1200 公里山路，家访了班级全部 59 名学生。

有一次，班上一名学生准备辍学外出打工，肖国成连忙骑车往他家里赶。途中突降大雨，山路泥泞，他只得推着自行车艰难前行，走几步就要停下来抠去车轮上的泥巴。20 多公里长的路上，他摔了 3 跤，最后浑身沾满泥浆地来到了学生家中。"我很喜欢这个孩子，虽然他成绩并不拔尖，但很懂事，好好培养一定会有出息的……"肖国成苦口婆心的劝说最终打动了家长，他们从此再也不提让孩子打工的事情了。"我的班上，有 32 名学生的家长长年在外打工，有 12 名学生的父母一年都没回来了……"

肖国成老师不辞辛劳地家访，对每个学生的情况都了然于心，从而有的放矢，因材施教。①

## 二、案例评析

### ≫ 什么是敬业爱生

敬业爱生可以分为"爱岗敬业"和"关爱学生"两个方面，"敬业"和"爱生"是中学教师职业的本质要求，是中学教师职业道德的灵魂，是中学教师做好教育教学工作的前提和基础。

敬业是一种对事业全身心投入和不断追求的信念，是拼搏奋斗的动力，是事业成功的保证。教师的敬业是通过对教育、教学工作的极端负责任和对教育、教学工作的精益求精表现出来的。对于中学教师而言，敬业就体现在日常的教育、教学工作中，严格遵守职业道德规范，想学生之所想，急学生之所急，勤勤恳恳，兢兢业业，尽职尽责地完成自己的本职工作。敬业是中国人民的传统美德，中华民族历来有"敬业乐群""忠于职守"的优良传统。在新时代，中学教师要发扬光大中国传统的师德精神，淡泊名利，持之以恒，在平凡的教师岗位上创造出不平凡的成绩。案例二介绍的冯海老师，案例三介绍的肖国成老师，都是敬业的模范。

---

① 罗欣，梁炜. 中学老师翻山越岭访遍全班 59 名学生. 楚天都市报，2011-12-19

爱生是师德的灵魂，也是教师爱岗敬业的生动体现。爱生是指教师从高度的工作责任心和社会责任感出发，全身心地关爱每个学生，对所有学生一视同仁、严格要求，不偏爱、不歧视、不讽刺、不体罚。中学生正处于青少年时期，是个体发展从不成熟走向成熟、从儿童走向成人的过渡时期，也是人生发展过程中的一段特殊时期。对于身心正处于剧烈变化中的中学生来说，他们迫切需要教师全面的引导与关爱，从而使其身心能够健康、和谐发展。唯有爱的雨露才能催开最美的花朵；唯有爱的交流，才能搭起师生之间心灵的彩桥。案例一表明最美女教师张丽莉在学生生命受到威胁时，敢于挺身而出，置个人安居于不顾，这种爱学生胜过爱自己的高尚师德，向我们诠释了美丽的真正内涵和崇高！

## ≫ 做不到敬业爱生，会带来哪些危害

中学教师如果不能做到敬业爱生的基本师德要求，就会带来一系列负面影响，不但会影响中学生的全面发展，而且会影响教师自身的专业发展，甚至会影响这一职业的社会声誉。其危害主要体现在以下方面：

（1）脱离教育宗旨，导致教育过度功利化

教师职业的特点，决定了一名教师必须自觉地把国家和人民的利益放在首位，忠诚于党和人民的教育事业，无私地为全体学生服务。这是教师从教的宗旨，也是教师履职的原动力。但目前部分中学教师从功利的、庸俗的人生观、价值观出发，一切工作向"钱"看，少数中学教师缺乏奉献精神，导致教育过度功利化。少数中学教师把从事教育仅仅看成是一种谋生手段，把教学工作仅当作不得已而为之的任务进行简单重复而已，缺乏工作激情，而一些基本的教师职业要求，如无偿课外辅导、因材施教等，对他们来说都成了过高的奢望。尤其在当今实施九年义务教育经费保障机制下，许多初中教师认为额外福利没有了，只需完成一般性教学工作就行了，学校稍微多安排一点课程就讨价还价，个别学校甚至出现了教师要挟校长将必须留足的公用经费进行私分的现象。有些教师甚至以纯功利主义的观点对待本职工作，乱办班、乱收费、乱订资料等行为成为公开的地下活动；授课敷衍塞责，把主要精力放在校外暗暗从事第二职业；把本应在课堂中完成的教学工作，留在课后来做，美名其曰"义务补课"，并收取可观的补课费。这些重利轻义的教育行为都脱离了教育的根本宗旨，使教师显得目光短浅、唯利是图，从而损害了中学教师队伍的整体形象。

（2）背离育人职责，不利于师生关系的和谐

受应试教育观念的影响，当前少数中学教师往往只关注中学生的考试成绩，重点传授与中考、高考相关的课本知识，忽视对学生的人格培养和精神教诲，只顾教书，不管育人，不能为学生全面成长奠基，从而背离了教师的育人天职。尤其是极需关心的贫困生、单亲学生、留守学生等特殊学生，置之不理、不管不问，把教书育人的天职全然抛之脑后。甚至有极少数中学教师严重背离职业准则，不能正确处理个人与他人、单位和社会的矛盾冲突，把生活中的不满情绪撒到学生头上，学生成为其泄愤的工具或施虐的对象，教师成了学生心目中的"魔鬼教师"。由于少数中学教师未能做到爱岗敬业，没有形成相应的教育智慧，因此，教育学生的方法简单、粗暴，动辄训斥、谩骂、讽刺、挖苦、羞辱、乃至体罚和变相体罚学生，对学生进行人格侮辱和心灵虐待；由于缺乏公平教育理念，个别中学教师在教育、教学工作中，亲疏倾向明显，亲优秀学生，疏后进学生，亲家庭富裕学生，疏家庭贫困学生，亲家长有权势的学生，疏普通百姓家庭的学生。这样做不仅不利于学生的身心健康发展，也不利于和谐师生关系的构建和发展。

（3）违背教育公信，有损教师的职业尊严

教师职业曾经是"太阳底下最光辉的事业"，素来以"德高为师、行为世范"为职业要求，教师们通过立德树人、为人师表、敬业奉献，为我国教育事业作出了重要贡献，也赢得了社会的普遍尊重。教师的经济收入也许并不高，但社会的评价却很好，对教师的期望较高，被誉为"人类灵魂的工程师""社会的良心"，有着良好的教育公信力。但近年来少数中学教师不爱岗、不敬业的教育行为却损害了教师的职业尊严，社会公众越来越对中学师德问题呈现出"零容忍"态势，中学教师面临日益严峻的社会外部压力。一些中学师德问题一旦被曝光，往往会引起全国性的关注。"范跑跑"事件一出，就引发了全民对于重新审视中学师德的大讨论；"最美女教师"张丽莉的事迹则引起了社会各界的高度关注，也坚定了社会公众对于中学师德的信心。因此，少数中学教师不敬业、不爱生，不只是对学生的不负责和对自己职业的不尊重，更是在抹黑整个教师职业，导致教师在人们心目中的地位大大降低。

**≫ 多视角解读敬业爱生**

(1)从教育法律和政策的视角来看，敬业爱生是教师的法定义务，也是教师职业的基本规范和专业要求

《中华人民共和国教师法》第八条规定教师具有六大义务，其中包括"关心、爱护全体学生"和"不断提高思想政治觉悟和教育教学业务水平"。

《中小学教师职业道德规范》第二、三条明确规定中小学教师要"爱岗敬业""关爱学生"。

《中学教师专业标准(试行)》对中学教师提出了一些基本要求，第二条要求"理解中学教育工作的意义，热爱中学教育事业，具有职业理想和敬业精神"，第六条要求"关爱学生，重视中学生身心健康发展"。

以上教育法条和政策条文都明确规定中学教师要敬业、爱生，不能自觉做到敬业、爱生，就不配称为合格的教师。案例二中的冯海老师，因不愿耽误学生而边打点滴边给学生上课，这种做法虽不宜推广，但却充分体现了冯海老师敬业奉献的精神，其后他所说的"这是一个老师应该做的事，也可以说是微不足道的"表白更是凸显了冯海老师敬业爱生的自觉性，不愧被网友称为"最敬业教师"。

## 法规选读

### 《中小学教师职业道德规范》解读

[原文]：二、爱岗敬业。忠诚于人民教育事业，志存高远，勤恳敬业，甘为人梯，乐于奉献。对工作高度负责，认真备课上课，认真批改作业，认真辅导学生。不得敷衍塞责。

[解读]：● "爱岗敬业"——教师职业的本质要求。

没有责任就办不好教育，没有感情就做不好教育工作。教师应始终牢记自己的神圣职责，志存高远，把个人的成长进步、把本职工作同社会主义伟大事业、同祖国的繁荣富强紧密联系在一起，并在深刻的社会变革和丰富的教育实践中履行自己的光荣职责。

①敬业乐教。忠诚人民的教育事业，具有强烈的事业心和责任感，恪尽职守，乐教敬业，无私奉献，不计较个人名利得失。

②尽职尽力。服从组织分配，乐意接受工作安排，安心从教，踏实工

作；爱校如家，关心学校的发展；尽职尽责，出色完成本岗位上的教育教学、管理、服务工作。坚持做到教学常规"六认真"：认真备课，认真上课，认真布置作业，认真批改作业，认真辅导、认真考核。也就是要"干一行、爱一行、专一行、精一行"。

③遵规守纪。遵守校规校纪，无违规违纪行为。做到不迟到、不早退、不中途擅离工作岗位；不在上课时间使用手机；随时随地给学生以良好影响，不随意发牢骚、说怪话；不传播有害学生身心健康的错误思想。

[原文]：三、关爱学生。关心爱护全体学生，尊重学生人格，平等公正对待学生。对学生严慈相济，做学生良师益友。保护学生安全，关心学生健康，维护学生权益。不讽刺、挖苦、歧视学生，不体罚或变相体罚学生。

[解读]：●"关爱学生"——师德的灵魂。

教师不仅要有高度的事业心和责任感，要对教育、教学工作热爱，也要对每一个学生充满爱心。在汶川特大地震中，大批教师为保护学生生命安全作出重大贡献，甚至付出巨大牺牲，这正是崇高师德和人性光辉的体现。亲其师，信其道。没有爱，就没有教育。教师必须关心爱护全体学生，尊重学生人格，平等公正对待学生。对学生严慈相济，做学生良师益友。保护学生安全，关心学生健康，维护学生权益。

①以生为本。要树立以生为本的思想，关心爱护全体学生，尊重学生人格，保护学生身心健康；坚持客观、公正地对待和评价每个学生；不得歧视后进生和残疾、弱智学生，不得侮辱、体罚或变相体罚学生；及时为学生排忧解难。教师要做到四多四少。即对孩子多一点关爱，少一点苛刻；多一点理解，少一点责备；多一点表扬，少一点批评；多一点鼓励，少一点冷淡。

②师生和谐。建立民主、平等、和谐的师生关系，善于接受和听取学生的意见；不讽刺、谩骂、驱赶学生；敢于同侵犯学生合法权益的现象和行为作斗争。

③宽严有度。严格要求学生，不偏爱、溺爱、放纵学生，严而有度、严而有方；善于引导、激励学生，促进学生全面、健康发展。

关爱学生不只停留在表面，孩子生病送医院，天气冷了，救助衣服，这还不够。应从生活、学习、身体、心理各方面全面关心。学生遇到困难困惑时，教师主动帮助，主动疏导。①

（2）从教育学视角来看，敬业是教师职业的本质要求，爱生是师德的灵魂

教师职业具有较高的道德要求，爱岗敬业是教师职业道德的基础和前提。没有责任就教不好学生，没有感情就做不好教师。责任心对教师而言，是师德的一项重要内容，也是师德的外在表现。教师的教育责任心，体现在对待教育事业、对待学校、对待学生的工作态度与教育实践中，体现在自身的教育业绩中。没有教育责任心，也就没有真正的教育。教育的责任心，是一种发自内心的使命感，也是教师工作的原动力。

爱岗敬业还表现在对学生的无私的爱。教师对学生的爱，是一种只讲付出、不计回报的无私的爱。这种爱是神圣的，是培育学生感情的基础。学生一旦体会到这种感情，就会"亲其师"而"信其道"。实践证明，教师关爱学生会带来师生关系的和谐，情感的相通，乐于相互交往，伴随着这种气氛，各种教育影响就会涓涓细流般地进入学生心田。在教育过程中，学生从教师的爱中，可以深切感受到集体对他的评价、社会对他的期望，认识到自身存在的价值，进而暗生一种自尊感、自豪感和自强不息的精神。由此可见，教师的爱对学生来说，虽是一种外部条件，但由于它能促进学生积极的情感体验，所以能转化成为学生接受教育的内部动力。尽管如此，教师的爱还应当是理智的，严慈相济。如果教师爱生过于严，就会变成残酷；如果教师爱生过于宽，就会变成溺爱；如果教师对学生爱得不切合学生的实际，则往往会导致学生的反感或厌恶，产生负面效应。因此，关爱学生就是要用"严爱"来约束和引导学生，用"慈爱"去温暖、感染学生，用"友爱"来营造民主、平等、和谐的师生关系，搭建起通向学生心灵的桥梁，从而达到教育的目的，获得教育的成功。

### 名人名言

教师是太阳底下无法再优越的职业。

——［捷］夸美纽斯

---

① 游余庆.《中小学教师职业道德规范》解读. http://dlxx.jysedu.com/show.aspx? id=2854&cid=124

真教育是心心相印的活动，唯独从心里发出来，才能打动心灵的深处。

——陶行知

教育者的关注和爱护在学生的心灵上会留下不可磨灭的印象。

——[苏]苏霍姆林斯基

仰之弥高，钻之弥坚。

——《论语·子罕》

使学生对教师尊敬的唯一源泉在于教师的德和才。

——[美]爱因斯坦

没有爱，就没有教育。

——[苏]苏霍姆林斯基

## 三、对策建议

1. 中学教师要淡泊名利，志存高远，忠诚于人民的教育事业

成为教师，首先就要志高名淡，忠诚于人民的教育事业。作为一名教师，就要有热爱教育、立志从事教育的无私奉献精神。因为在教师这个岗位上，任务艰巨、内容复杂，没有真正的节假日，不分白天黑夜，像"蜡烛"，燃烧着自己，照亮着别人；像"人梯"，让一代代、一批批青少年学生从自己的肩上攀登科学的高峰。

成为教师，还要具有强烈的责任感和事业心。教师从事的岗位，是教书育人、塑造灵魂、教人做人的重要岗位，必须具备强烈的责任感和事业心。教师要忠诚于人民的教育事业，把全部精力和满腔真情奉献给教育事业，兢兢业业、任劳任怨，做爱岗敬业的模范；要关爱每一个学生，关心每一个学生的成长进步，以真情、真心、真诚教育和影响学生，努力成为学生的良师益友，成为学生健康成长的指导者和引路人。

成为教师，还要树立崇高的职业理想和坚定的信念，正确处理个人与社会的关系。教师进行教育工作的对象来自于社会各个家庭，教师的劳动任务是为社会、为民族培育人才。教师有了崇高的职业理想和坚定的信念，就会志存高远，产生巨大的精神力量，就会忠诚于人民的教育事业，在职业岗位上把追求远大的目标与平凡的教书育人工作紧密结合起来，就会不计较个人得失，更快更好地为社会和民族培育人才。

2. 中学教师要关爱全体学生，尊重学生人格，平等公正对待学生

对学生赤诚的关爱，是人民教师起码的品质，是师德的核心。关爱学生的前提是了解、理解学生。中学教师首先必须了解自己的学生，明了中学生的身心特点和发展需要。我国教育家徐特立说："教师要了解情况，了解学生个人的情况，了解学生家庭的情况。"苏联教育家苏霍姆林斯基认为："尽可能深入了解每个学生的精神世界——这是教师和校长的首条金科玉律。"只有了解学生，才能教育学生。对学生的实际情况缺乏了解、心中不明，就不能从思想、学习、生活上全面关心学生，爱护学生，也就不能很好地教育学生。中学生处于青春期，身心发展较之幼小阶段有很大不同，教师只有全面了解他们的思想表现、成长环境、社会交际等情况，才能根据其不同特点，有针对性地进行教育。

关爱学生，就要信任学生，相信他们的进步。中学生的世界观、人生观可塑性很强，经过正确的教育都能成为有用之人。教师应充分信任中学生，相信他们身上蕴含着巨大的正能量，只要引导得法，就能不断的进步。如果教师不相信学生的进步就失去教育的意义了。中学生处在少年到青年的过渡期，思维的独立性和批判性正在形成和发展，情感也日益丰富，但自觉性、自制力等意志品质的发展尚不成熟，有些缺点和错误在所难免，教师应善于通过细致观察发现他们的优点，然后再因势利导，帮助他们慢慢改正缺点。教师要用父母兄长般的关爱去抚慰中学生的心灵，晓之以理，动之以情，激发他们向上的热情和进取精神。

关爱学生，就要关心爱护全体学生，平等公正对待每个学生。中学教师应尊重全体学生的人格和自尊心。教师的社会角色本身，决定了学生对老师的期望很高，他们看重老师对自己的态度，他们都希望得到老师的关爱。苏联教育家马卡连柯概括其教育经验时说：严格地要求和最大地尊重学生。每一个人都有其自身的价值和尊严，师生之间是一种平等的、互相尊重的关系，尊重学生，就能发扬他们身上积极美好的东西，就能让他们体会到教师的爱，他们就容易接受教育。作为一名中学教师既要爱优生，也要爱差生，更要爱那些急需关怀教育的学生。要坚持正面教育，正面教育就是在教育教学中，始终贯穿积极向上的精神，在任何情况下都不损害学生的自尊心。中学教师要对聪明勤奋的倾注满腔热情，对迟钝、调皮的耐心培育，以深沉的关爱来医治他们心灵上的创伤，用爱的甘露来涤荡精

神污染。

3. 中学教师要保护中学生安全，关心学生健康，维护学生权益，做学生的人生导师

教师要保护中学生的安全。《中小学教师职业道德规范》明确了"教师要保护学生的安全"，《中学教师专业标准（试行）》中也要求中学教师要把学生安全放首位。最美女教师——黑龙江省佳木斯第十九中学教师张丽莉为了保护学生，不计个人生命危险，不愧被称为"最美女教师"。教师的职业是特殊的，被人们称为"心灵的工程师"，只有付出不求回报。特殊的职业赋予教师特殊的品格，为学生付出自己的生命，不论是从法律角度，还是从道德规范角度，都是教师不应回避的责任。当学生的生命安全受到威胁时，无论当时面临的是什么样的情况，也无论背后有什么样的复杂内幕，作为一位教师，都应该挺身而出。

教师要关心中学生的身体健康和心理健康。《中学教师专业标准（试行）》要求中学教师要尊重教育规律和中学生身心发展规律，为每一个中学生提供适合的教育。教师要针对中学生青春期生理和心理发展特点，有针对性地组织中学生开展有益身心健康发展的教育活动。教师要切记，不要对中学生进行歧视、人格侮辱及权利的剥夺，因为这样对他们造成的心灵创痛可能终身难愈。作为一名人民教师，对学生的爱，首先表现在对教育事业要有崇高境界的追求。一个忠于职守的教师是爱学生的。只有我们认真钻研业务，勇于探索教育教学新途径，不断提高自身知识素养和教学技能，时刻牢记要给学生一滴水，自己就得有一桶水，时刻提醒自己"问泉哪得清如许，为有源头活水来"，并将所学运用于平时的教育教学中，不断改进教育教学方法，才能教出与时俱进的学生来，这是一种无形的爱。

教师要维护中学生的合法权益。《中华人民共和国义务教育法》《中华人民共和国未成年人保护法》等法律法规都有明确的条文要求教师要保护学生的合法权利。学生受法律保护的权益有生存权、发展权、受保护权、参与权等。中学生权利意识和法律意识逐渐增强，教师要以中学生健康成长为出发点，充分尊重和保护中学生各项权利，做中学生权利的维护者。另外，教师既要充分尊重学生，又要规范自己的行为，以防伤害学生的心灵。随着教师素质的提高与现代教育理念形成，有助于正确处理教育教学中发生的突发事件，防止过激行为的发生，有效避免侵权行为的出现。教师在教

育过程中，用正确教育思想指导教学行为，通过不断反思与改进，有利于增强教师教育法制观念，构建和谐的师生关系。同时教师在教育教学中要尽可能多地为中学生渗透法律法规知识，提高中学生的法律意识，使中学生自觉维持自身的权利和义务。

4. 中学教师对学生要严慈相济，做学生的良师益友，自觉维护教师职业尊严

2008 年，教育部颁发的《中小学教师职业道德规范》要求教师"对学生严慈相济，做学生的良师益友"。教师对学生严格要求是必要的。中国有句古话叫"严师出高徒"，它强调的是在教育过程中严格要求的重要性，将严格要求作为教育工作中的一个重要标准，体现的是教师对学生极其负责任的精神，这里面既有对学生的要求，也有对教师的要求，二者缺一不可。但事实证明，教师对学生仅有"严"是远远不够的，因为教育的本质是爱。严是好事，但必须建立在爱的基础之上，严才有价值，才能被认可。"严慈相济"，教育才能迸射出和谐的火花。当前意义下的"严师出高徒"，强调的是"严中有宽，严中有道，严中有度"，强调"严在当严处，爱在细微中"，这是人才培养的必由之路。正如《管子·小向》所言："坚中外正，严也。"严是爱的表现，爱是严的内涵。教育的本质是以爱育爱。因此，教师应发扬师爱精神，关爱每一个学生。

苏霍姆林斯基说过：一个好教师意味着什么？首先意味着他是这样的人，他热爱孩子，感到和孩子交往是一种乐趣，相信每个孩子都能成为一个好人，善于跟他们交朋友，关心孩子的快乐和悲伤，了解孩子的心灵，时刻不忘记自己也曾是个孩子。没有爱就没有教育，爱是教育的灵魂。热爱学生是教师所特有的一种职业情感，是良好的师生关系得以存在和发展的基础，是搞好教育教学工作的重要因素，也是教师应具备的基本道德品质。

教师要做中学生的良师益友。第一，要充分了解和信任学生。学生是有思想、有感情、有个性的活生生的人。为了教书育人，教师既要了解学生的过去和现在，又要了解学生成长的家庭生活环境和经常接触的各种人和事；既要了解学生表现在外的优缺点和特长，又要了解学生的内心世界，包括他们的苦恼和忧愁。只有全面了解和信任学生，根据学生特点进行教育，才会收到良好的教育效果，才能促使学生的个性得到充分发展。第二，树立正确的学生观。中学生具有一定的独立性和主观能动性，他们接受教

育影响不是绝对的、无条件的，而是有选择的、有条件的。在知识更新加快、传播渠道多样化的今天，教师已不再是学生获取知识的唯一途径。因此到了中学阶段，学生并不会因为教师年龄比他大就信服和尊重，而是因为教师确实有知识才会受敬重和信任。因此，现代教师应具有精深的专业知识和渊博的相关学科修养，表现在两个方面：精通和知新。一方面是对已掌握的知识达到烂熟于心的程度，不仅要精通所教学科，还要熟悉所学专业的一切知识；另一方面是不断获取新知，不断用新知识充实武装自己，做知识的富有者。第三，尊重学生，做学生的知心朋友。随着年龄的增长，中学生往往会把自己的苦恼、心事和秘密隐藏起来，不愿意对家长或老师说，只是遇到自己无法解释和解决不了的问题时才找人诉说、请教和指点。因此，一位好教师应当主动与学生做知心朋友，倾听他们的心声，帮助他们解决实际问题，包括他们内心世界的苦恼与忧愁。这样，教师才会更全面、更深刻地了解学生，真正做到因材施教。只有对学生严慈相济，做学生的良师益友，教师才能获得美誉，才能维护教师的职业尊严。

# 专题二　严慈相济，杜绝体罚与变相体罚

## 一、典型案例

### 案例一：湖北武昌一中学与家长签订"惩戒协议" ①

2010年3月24日，某中学某班与家长签订"惩戒协议"，列出了对学生违纪的11条惩戒办法。具体包括中午留校教育半小时、周末返校学习半天、训导一节课、双倍完成集体活动、做一次功能教室清洁、中午留校补做作业或补做考试题、抄写《中小学生行为规范》3～10遍、写情况说明书、做3件好事代替处罚等办法。对每种惩戒办法，还详细指出了适用的违纪

---

① 罗欣，吴银燕．湖北武昌一中学与家长签订"惩戒协议"．网易·新闻中心，2010-03-25

范围。家长若对哪项惩戒方式有异议，认为不适合自己的孩子，可以在协议上写出来，那么该项惩戒方式便不在其孩子身上试行。该校校长表示，这是为了让孩子们直面自己犯下的小过失和错误，及时改正。无一例外，该校该班33名学生家长都在协议上签下了"同意"。

### 案例二：某中学生被集体操场罚跪　涉事教师公开道歉①

2013年1月23日，某中学初三(5)班学生被集体操场罚跪，此事被网络论坛爆料后，引发网络热议。随后《江西日报》等媒体的官方微博纷纷跟进此事，网友大发评论，质疑该教师有违师德。其后，涉事教师通过微博公开道歉，承认该体罚行为"严重违背了教师的职业道德规范，非常愚蠢"。1月24日，该县教育局决定撤销涉事老师团支部书记职务，按程序撤销其教师资格，并对该校校长做出停职处理。

---

① 王剑．江西于都中学生被集体操场罚跪　涉事教师公开道歉．新华网·新华新闻，2013-01-24

## 二、案例评析

### ≫ 什么是惩罚

惩罚，即"惩戒处罚"，亦称"负强化物"，[1] 是"为减少某种行为重现的概率而在此行为后伴随的不愉快事件，是与奖励相对的心理学概念"[2]。在心理学意义上，惩罚是某种行为发生后为了导致该行为减弱或消除的刺激，可以通过施加厌恶性刺激或取消行为之后的正强化物的形式来进行。当它作为一种行为治疗技术时需要一种正确性替代行为以及正强化的补充，才能发挥正常功效。[3] 惩罚是一种常见的教育方法，依据它在教育现实中表现与性质差异，它又可分为惩戒、体罚、变相体罚等形式。

### ≫ 什么是惩戒

惩戒，是指通过对学生不良行为进行强制性纠正，达到教育、改正的目的，最终促进学生发展与进步的一种教育方式，它是一种正面教育。惩戒有两层含义：一是"惩治过错，警戒将来"，二是"引以为戒"。[4] 惩，即处罚，戒，即警戒。惩戒，即通过处罚来达到警戒的目的。罚只是手段，戒才是目的。作为同一过程的手段和目的，惩和戒是相辅相成、不可分割的。教育惩戒包括学校惩戒和教师惩戒。言语责备、警告、隔离措施等惩戒既可由教师实施，也可由其他教育人员实施，而一些惩戒纪律处分等则只能由学校实施。在中学，教师的惩戒方式主要有：无恶意的批评、不让参加兴趣（活动）小组、罚背（少量）英语单词或课文、课后留堂约谈、要求犯错学生写（一定字数的）情况说明书——说明事实经过及个人反思与承诺、罚值日与扫地、操行评定、在教师办公室暂时性隔离、放学后与教师一起留堂半小时等。案例一中的中午留校教育半小时、周末返校学习半天、训导一节课等 11 种方式都属于惩戒范围之内。

### ≫ 什么是体罚与变相体罚

体罚，是指通过对人身体、心理的责罚，特别是造成身体疼痛，来进

---

① 夏征农，陈至立. 辞海（第六版）. 上海：上海辞书出版社，2009：291

② 顾明远. 教育大辞典（上册）. 上海：上海教育出版社，1998：177

③ 夏征农，陈至立. 辞海（第六版）. 上海：上海辞书出版社，2009：291

④ 夏征农，陈至立. 辞海（第六版）. 上海，上海辞书出版社，2009：291

行惩罚或教育的行为。在中学，常见的体罚方式多为教师盛怒下殴打学生、打学生耳光、敲学生脑袋、课后罚跪或罚站、罚学生长跑或罚学生对打等。案例二中的操场集体罚跪，就属于典型的体罚。

变相体罚，是使学生心理上受折磨、剥夺学生的学习权利或增加额外劳动负担的惩罚。在中学，常见的变相体罚方式包括言语侮辱、孤立学生等。尤其是不分场合，当着其他学生或老师的面肆意讽刺、挖苦、批评学生，更是一种恶性的变相体罚。中学教师的变相体罚多表现为对学习成绩差、不守纪律的学生进行挖苦、讽刺、贴标签，甚至辱骂学生"猪头""比猪还笨"等。

## 小贴士

### 教师语言暴力调研报告①

北京青少年法律援助与研究中心近日公布的"教师语言暴力调研报告"显示，36％的初中生、18％的高中生表示，老师在批评自己或者同学时使用过"傻猪"、"人渣"、"别给脸不要脸"、"你爸你妈是近亲结婚吧"、"换作我楼上跳下去算了"等这样的语言。5％的初中生、2％的高中生表示经常受到教师的语言暴力。

### ≫ 如何区分惩戒与体罚或变相体罚

在中学，有些教师不敢惩戒学生，有些教师却滥施体罚。因此有必要对惩戒与体罚进行明确的区分以提高教育认识。

惩戒与体罚的分界首先在于把握好"度"，要以学生的人格尊严、承受能力、主观意愿为标准，其根本区别在于能否达到对被惩戒者不良行为的戒除作用，即惩罚只是惩戒的手段和方式。当教师的惩罚已严重损害了学生的人格与尊严、超出了学生的承受能力、不考虑学生的主观意愿等时，那么惩戒也容易变成体罚。如，学生违犯了课堂纪律，罚站五分钟可以算是惩戒，罚站整节课甚至整个上午，那么就变成了体罚；让违纪的学生站在教室后面反思几分钟，这可以算是惩戒，但让学生站在教室前面来接受

---

① 邓兴军. 教师"语言暴力"调研报告. 中国教育和科研计算机网·中国教育，2006-02-09

老师同学们的"口诛笔伐"，这就成为了变相体罚。

"任何的教育方法，甚至像暗示、解释、谈话和公众影响等我们通常认为最通行的方法，也不能够说是永远绝对有益的。最好的方法，在若干情况下，必然会成为最坏的方法。"①

合理的教育惩戒以及单纯的体罚与变相体罚有明显的区别，其本质区别在于是否损害学生的身心健康，其教育目的存在巨大差异。惩戒是针对学生的不合规范行为给予否定评价或相应惩罚的一种教育手段，其出发点在于对学生的关怀爱护，不损害学生的身心健康，其最终目的是为了学生的发展进步。而体罚是以损伤人体为手段的处罚方法，是通过身体的痛苦来解决学生思想的问题，这就使得体罚陷入了"药不对症"的困境。体罚虽然可能引起学生行为的改变，但它对学生的身心却造成了伤害，甚至还会引起更严重的问题，因此我们必须严厉禁止体罚与变相体罚。而惩戒是从学生思想的转变入手，惩戒的目的是为了让学生认识到做错事要负责任，并让学生学会如何面对挫折。同时，表扬、肯定、激励等教育手段和惩戒的教育手段往往是并行不悖、相互补充的。因此，惩戒是教育不可或缺的组成部分，惩戒权是国家赋予学校和教师管理学生的应有职权，也是教师专业权利之一。

### ≫ 体罚与变相体罚会带来哪些危害

体罚与变相体罚不仅是非法的，往往也是不人道的。体罚与变相体罚往往会侵犯学生的人格和尊严，造成学生身体和心理上的伤害，甚至会影响学生成长后人生道路的选择。

（1）体罚与变相体罚会对中学生造成生理伤害

中学生正处于身体发育关键时期，骨骼、肌肉还比较脆软，生理器官、内脏系统还没有发育健全，因此教师对学生的体罚很容易对其身体造成伤害，而且一些伤害一旦产生，便容易给学生造成终生的影响。再加上中学生已经有了一定的反抗意识，教师在体罚学生时，双方的情绪常常很激动、容易失控，在盛怒之下，教师的动作往往变得具有极大的冲动性和伤害性，轻者造成皮肉之伤，重者伤筋动骨，并可能诱发其他病症，甚至导致学生死亡。

---

① 马卡连柯．马卡连柯全集(第五卷)．北京：人民教育出版社，1956：101

## 案例：体育课罚跑学生猝死①

2009 年 10 月 27 日上午，某中学在体育课上，老师让同学们在操场跑步。因队伍中有同学说话，体育老师加罚学生多跑 5 圈，结果导致学生小辛倒地猝死。最终家长将学校告上法院。

(2)体罚与变相体罚会对中学生造成心理伤害

随着中学生年龄的增长，他们自尊心也越来越强，期望得到老师、同学的尊重、认同与赞扬。体罚与变相体罚一方面会挫伤了学生的自尊心和自信心，导致自卑心理产生，乃至导致双重人格产生，其中以训斥、讥讽等手段损害学生人格的做法，对学生所造成的心理创伤往往是日后难以弥补的；另一方面会使得学生失去学习兴趣，产生恐学心理、逆反心理。此

---

① 李彦宏，张岩 . 13 岁男孩猝死体育课 学生证实老师让加跑 5 圈 . 新民网·新闻，2009-12-16

外，体罚与变相体罚常常是迫使学生屈服，容易使学生形成许多不良的性格：从恐惧导致自卑、多疑、焦虑；从压抑、沉默导致执拗、孤僻，甚至悲观、厌世；从不满、反抗导致攻击、报复，形成刻薄残忍的性格，等等。教师不同管理方式对学生性格的影响如下表。

教师管理方式对学生性格的影响表①

| 管理方式 | 学生的性格特征 |
| --- | --- |
| 民主的 | 情绪稳定、积极态度、友好、有领导能力 |
| 专制的 | 情绪紧张、冷漠或带有攻击性，教师在场时毕恭毕敬，不在场时秩序混乱缺乏自制性 |
| 放任的 | 无团体目标、无组织、无纪律、放任 |

更严重的是，体罚与变相体罚对学生造成的心理危害具有一定的隐藏性，这种心理伤害在现实中往往没有通过平等对话、协商、调解等途径得到释放，而是转化成内在的精神压力。这种精神压力一般具有两种走向：一种是演变为由内向外的复仇冲动，包括对施暴教师或对整个社会的仇视；另一种是对自我心理和身体的巨大摧残，造成各种各样的精神病和心理障碍，最终成为问题少年。所以，体罚与变相体罚对学生造成的心理伤害往往比生理伤害有过之而无不及。前述案例的集体罚跪事件中，被操场罚跪的中学生在全班乃至全校师生面前颜面尽失，他们以后该如何去直面那些抬头不见低头见的师生呢？这些被公然羞辱的中学生的自尊心、自信心会受到严重影响，如果不进行及时的心理疏导与救助，将会给学生留下心理阴影，甚至导致学生从此自暴自弃。

🔍 **他山之石**

### 体罚的各种不良影响②

美国的心理学家经过长期研究也发现，体罚可能产生 10 种不良行为，如易进攻、反社会和成年后对子女及配偶滥用暴力等。加拿大学者曾就体

---

① 刘春霞．教师体罚学生的危害及其对策研究．教育与职业，2006(33)
② 潘世国．试论教师体罚现象的成因及其对策．丽水学院学报，2005(3)

罚对孩子将来身心健康产生的影响做了全球最大规模的调查。结果发现被体罚的儿童在成年后吸毒和酗酒的可能性是正常儿童的两倍，而且患上焦虑症、反社会行为倾向和抑郁的概率大大增加。在偶尔被打的受访者当中，有21%患上焦虑症、70%患上抑郁症、13%酗酒、17%嗜毒。

(3)体罚与变相体罚会压抑中学生的聪明才智

中学生已经具有了一定的创新意识和主见，而体罚与变相体罚会使得中学生为了逃避惩罚而时刻生活于恐惧之中，并逐渐形成事事循规蹈矩的奴性人格，不利于中学生创新意识的培养。

对中学生对惩罚的心理感受所做的调查研究发现："初中生的心理感受按常见程度依次为：难过、害羞、自尊受损、失去学习兴趣、害怕、生气、失去自信、愤怒、憎恨；高中生的心理感受按常见程度依次为：难过、失去学习兴趣、生气、害羞、失去自信、害怕、愤怒、憎恨。"[①]

此外，据相关研究证实，体罚对学生的伤害以降低学生智商的形式伴随学生的一生。研究人员发现，对于学生来说被体罚是与恐惧和压力相联系的，经历过体罚这种心灵创伤的孩子一般很难集中精力学习。体罚与变相体罚是一种负强化，容易给学生以消极的暗示，总认为自己能力不够，没有足够的成就动机。在这种情况下，学生的注意力分散、记忆力减退、想象力匮乏、思维力迟钝，因而不利于智力的发展和学习成绩的提高。

### 🔍 他山之石

## 体罚的各种不良影响[②]

加拿大一项分析结果显示，打屁股等体罚可能给孩子的发育造成长期伤害，甚至导致智商降低。马尼托巴大学教授琼·杜兰特和渥太华安大略东部儿童医院罗恩·安索姆分析过去20年相关文献中体罚孩子的研究和调查结果，发现体罚令孩子更具攻击性和反社会性，可能造成认知损伤和发

---

① 孟万金.中小学生对惩罚的心理感受研究.心理科学，2004(1)

② 黄敏.体罚给孩子发育造成长期伤害或致智商降低.新华网·新华新闻，2012-02-09

育障碍。近年来一些研究结果还显示，体罚可能减少与智力相关大脑区域的灰质，降低孩子智商。路透社 7 日援引杜兰特的话报道："人们已经发现，体罚不仅预示着攻击，也预示了潜伏着某些问题，譬如抑郁症和药物滥用等。"她说："没有一项研究显示体罚具有任何长期积极效果。"

（4）体罚与变相体罚会损害中学教师和学校的形象，不利于维系正常的师生关系

中学教师重在以理服人，而中学教师在动怒体罚学生时，由于情绪激动、言行失态，这不仅有损其为人师表的形象，而且会大大降低作为教育工作者的人格魅力，最终使教师从一个正面教育者的角色转化为学生敌视的对象。在前述操场集体罚跪案例中，这种公然践踏学生人格尊严的行为已经超出了人们对于教师惩罚学生的心理界限，反而折射出这位中学班主任的道德素养之低下与黔驴技穷之教育能力。此外，体罚与变相体罚造成学生身体伤害时，家长往往会借助法律的武器来保护自己的孩子，将教师和学校诉诸于法庭，从而使得师生关系走向对立。体罚事件一旦被媒体曝光而成为社会公共事件时，公众舆论往往站在相对弱势的学生一边，当施暴者与教师形象相联系在一起时，这极不利于维护教师的职业形象。近年来由于教师体罚引发家长纠合亲属等社会人员冲击学校的事件时有发生，严重地影响了学校正常的教育教学秩序，也成为影响社会稳定的因素之一。

### 小贴士

## 中学体罚现状调查①

山西师范大学董新良教授等人对中小学师生对教育惩罚的调查数据显示：接受调查的 176 位初中教师中，50％的教师（88 人）对学生有过体罚行为，其中，4 位教师坦言对学生经常体罚，33.2％的教师对学生有过以讥讽、挖苦为主要形式的变相体罚；学生问卷调查显示，34.4％的学生挨过教师的打，21.4％的学生受过教师的讥讽、挖苦。访谈调查和实地调查进

---

① 董新良，李玉华．关于基础教育阶段教育惩戒的实践与思考．教育理论与实践，2006（8）

一步显示，教师体罚的主要方式有打耳光、打嘴巴、用教鞭（或废桌椅腿）打手掌和用脚踢屁股、踹腿部等。被体罚对象以学业不良和因违反纪律给班级扣分的男学生居多。

### ≫ 多视角解读体罚与变相体罚

当前，我国教育立法和教育政策部门对待惩罚教育的基本态度是：严禁体罚、变相体罚，允许适当惩戒，做到严慈相济。

（1）从教育法律法规的视角来看，体罚与变相体罚都是非法的。

《中华人民共和国未成年人保护法》第二十一条规定："教职员工应当尊重未成年人的人格尊严，不得对学生实施体罚、变相体罚或者其他侮辱人格尊严的行为。"

《中华人民共和国义务教育法》第二十九条规定："教师应当尊重学生的人格，不得对学生实施体罚、变相体罚或者其他侮辱人格尊严的行为。"

《中华人民共和国教师法》第三十七条规定："教师有以下情形之一的，由所在学校、其他教育机构或者教育行政部门给予行政处分或者解聘：（二）体罚学生，经教育不改的；（三）品行不良、侮辱学生，影响恶劣的。"

《中小学教师违反职业道德行为处理办法（试行）》第四条规定："教师有下列行为之一的，视情节轻重分别给予相应处分：（五）体罚学生的；（六）以侮辱、歧视、孤立等方式变相体罚学生，造成学生身心伤害的。"以上教育法律法规条文都明确规定，不得体罚或变相体罚学生，依法执教、违法必究。

《中华人民共和国教育法》第二十八条规定，学校及其他教育机构有"按照章程自主管理"，"对受教育者进行学籍管理，实施奖励和处分的权利"，这一条款在法律上肯定了教师有一定的惩戒权，赋予教师一定的管理职能。其他的法律虽然明文禁止体罚与变相体罚，但是没有否定教师的惩戒权利，惩戒既是一种权利又是一种义务，是教师用来惩罚违反了学校规章制度的学生的最后手段。

前述案例二中该教师对中学生进行集体操场罚跪，显然这是对中学生进行体罚而非惩戒，集体操场罚跪是对学生进行集体、公开羞辱，这是一种极为严重的体罚，同时经媒体曝光，此事造成了重大不良社会影响。因此依据《中华人民共和国教师法》第三十七条第三款"品行不良、侮辱学生，影响恶劣的"规定以及《中小学教师违反职业道德行为处理办法(试行)》第四条第五款规定，学校可以对该教师进行行政处分，如果教师拒不悔改，那么学校可以依法解聘该教师。

(2)从教育政策角度来看，体罚与变相体罚都是不合乎教育规范的

《中小学教师职业道德规范》第二条规定："不讽刺、挖苦、歧视学生，不体罚或变相体罚学生。"《中学教师专业标准(试行)》第七条规定："尊重中学生独立人格，维护中学生合法利益，平等对待每一位中学生。不讽刺、挖苦、歧视学生，不体罚或变相体罚中学生。"而与之相应，本着严慈相济的德育原则，适当的教育惩戒则是被允许的，这也是教育现实所需要的。有教育部官员明确指出："教师正当使用的、恰如其分的惩戒不属于对学生的体罚，不提倡对学生的一切行为都给予包容，甚至迁就的做法。批评和表扬同样重要，一味不负责任的表扬会让学生看不到自己的瑕疵。"[1]事实上，中学的《学生守则》以及《班级规章制度》等都对学生在校行为做了一定的规定，违反了这些规定，学生都应该受到一定的处罚。

### 专家观点

#### 适当的惩罚是必要的[2]

过去有许多进步的教师认为：奖赏、分数和惩罚是"学校里的祸害"，是摧残儿童心灵的教育手段，因此，号召大家拒绝采用它们。这种情况的发生并不是偶然的。他们肯定说：惩罚或者会使儿童养成忿恨心理，或者会使他们养成奴颜卑膝的心理，而奖赏则会培养虚荣心和名利观念……"学校里不容许有任何的惩罚"的做法得到了广泛的流传，而实践证明，主张绝对不准采用惩罚的人是错误的。生活是按自己的方式前进的，作为实践家的教师事实上已采用了奖励和惩罚，也累积着新的教育经验。这个经验证明：奖励和惩罚是不应该摈弃的，而是应该按新的方式来加以采用。

---

[1]  罗德宏. 教育部回应教师受害案：正当惩戒学生不属体罚. 北京晨报，2008-10-28

[2]  格穆尔曼. 学校里的奖励与惩罚. 程逄如译. 上海：新知识书店，1957：2～3

 **小贴士**

### 中学生发展主题与教育责任①

| 发展主题 | | 发展性问题 | 发展目标 | 教育责任 |
|---|---|---|---|---|
| 生理发展 | | 青春期烦恼 | 学会健体与健心 | 青春期教育 |
| 学业发展 | | 学习困难与障碍 | 乐学与会学 | 激发学习兴趣、改善学习方法、开发学习潜能 |
| 情意发展 | | 情绪情感困扰、意志脆弱 | 快乐与坚强 | 情绪情感调适、意志磨炼 |
| 个性发展 | | "我是谁" | 发现、认识和悦纳自我；养成良好个性 | 自我同一性教育、个性培养 |
| 社会性发展 | 性别角色发展 | 性别角色认同 | 双性化人格 | 刚柔兼济的性别角色教育 |
| | 人际关系发展 | 人际关系困惑 | 人际关系指导 | 学会做人、学会交往、学会合作 |
| | 道德发展 | 道德困惑 | 教会选择 | 建立良好的品德结构 |

（3）从心理学角度来看，中学时期是个体生理、心理发育的关键时期

中学时期是各种心理冲突和行为、情绪问题发生的高危阶段，其心理发展体现出可塑性、矛盾性、不稳定性和不成熟性等特点。

因此，中学生需要得到成熟教师审慎的教育，恰当引导其遵循一定的规范与纪律，从而更好地实现个体的社会化。心理学的联结派理论家十分重视强化在学习中的价值，惩戒在降低错误行为出现概率方面具有明显的作用，因此，惩戒对于维系中学生心理健康发展是十分必要的。但中学生的心理发展又具有敏感性、脆弱性等特点，因此，体罚与变相体罚由于其手段过于极端往往不利于中学生心理的发展，所以体罚与变相体罚是要被禁止的。

进入中学之后，伴随着生理的逐渐成熟，中学生在心理上产生了独立感和成人感，他们渴望摆脱成人的控制，迫切要求独立、喜欢自我表现和发表自己的看法，但在智力、认识、情绪调控、社会经验等诸多方面仍然

---

① 杨跃．中学生发展．南京：南京师范大学出版社，2009：15

不够成熟，尤其是注意力易分散、自控能力较差。此外，正处于青春期的中学生在第二反抗期表现出一定的叛逆心理，中学生情绪变化剧烈，带有冲动性。据心理学研究显示，处于"第二断乳期"的中学生由于心理年龄的发展滞后于生理年龄，教师错误的教育观念和行为会使学生产生挫败感、学习无动力、厌学，尤其是粗暴、专制、批评为主的教育手段更会使青少年孤僻、退缩、适应不良。①

因此，在中学阶段对学生进行体罚与变相体罚，往往容易伤害中学生敏感而脆弱的心灵，甚至招致中学生的激烈反抗。同时，由于中学生心理经验以及意志品质等方面的不成熟，他们经常容易犯错。对于犯错的中学生，有必要进行适当的惩戒。教师在中学生的这个时期承担着积极引导学生健康成长的关键任务，中学教师要为正确对待反抗期做好准备，尽量减少正面的冲突，并教会他们积极的应对方法。因此，中学教师在尊重中学生独立自主的要求的同时，也要进行教育惩戒，惩戒的目标在于逐步引导中学生学会独立地进行自我监督，学会自我约束和自我控制。

（4）从教育学角度来看，体罚与变相体罚是与教育的根本目的相违背的

教师的天职是教书育人，中学教育的根本目的是促进中学生的健康成长。惩戒只是迫不得已的教育手段，教师只是激发学生去进行自我教育，认识错误、改正错误，而不是去灌输，更不是强迫中学生去进行行为矫正；教师如果因体罚与变相体罚而危害到中学生的健康成长，这就是教育的本末倒置。

在教育学界，学者们对于惩罚的认识有所差别。古罗马的昆体良是首位明确反对体罚的教育家。他认为体罚是一种残忍的行为，是"一种凌辱"，体罚是完全可以避免的，体罚会使学生心理压抑、意志消沉。苏联著名教育学家马卡连柯认为，惩罚在教育中是必要的，并将惩罚与学生的尊严感联系起来，他说："合理的惩罚制度不仅是合法的，也是必要的，合理的惩罚制度有助于形成学生坚强的性格，能培养学生的责任感，能锻炼学生的意志和人的尊严感，能培养学生抵抗诱惑和战胜诱惑的能力。"②我国教育

---

① 褚庆文等．中学生的心理特点及相关因素分析．中国健康心理学杂志，2008(6)

② ［苏］马卡连柯．苏维埃学校里的教育问题．见巴班斯基．教育学．李子卓等译．北京：人民教育出版社，1986：393

家徐特立也坚决反对对学生进行惩罚，他认为学生犯了错误，应该进行处理，但是方法"不是惩罚而是说服"，他在早期自己所创办的学校中，宣布废除一切惩罚学生的制度，提倡尊重学生的人格。苏联著名教育学家苏霍姆林斯基则表达了他对惩罚的深切担忧，他认为，"惩罚，其正当性大可怀疑的惩罚使心灵变得粗野、凶狠，特别是会使人残暴"，"惩罚愈频繁、愈强硬，孩子的自我教育的成分就愈少。"①捷克著名教育家夸美纽斯秉持一种折中的观点，他一方面认为，"我们可以以一个无可争辩的命题开始，就是犯了错的人应当受到惩罚。他们之所以受到惩罚，不是由于他们犯了过错，而是为了使他们日后不去再犯，知道是为了对他们有好处"；②另一方面他又反对过度的体罚。

从以上中外教育家的叙述可以看出，就总体而言，教育家们往往反对对学生进行非人道的体罚，但在大体上都认同要对学生进行适度的教育惩戒，惩戒的界限以不伤害学生身心为标准。中学教师要在教书育人的同时，两手都要抓，软硬兼施，赏罚兼备，实行严慈相济，这样才能取得良好的教育效果。

(5)从伦理学角度来看，体罚与变相体罚既是非法的，也是不道德的

中学生与教师在人格上都是平等的，体罚往往会侮辱学生人格。同时，中学生已经有了较强的自我意识，人格尊严的感觉更趋强烈。在这一点上，惩戒也必须是在切实尊重中学生人格的基础上进行。

在伦理学中，主要存在两类的惩罚观：一类是报应主义的惩罚观，其本质在于补偿。它关注的是学生违规行为所造成的实际损害程度，追求的是以恶报恶的对等关系。另一类是功利主义的惩罚观，其本质是威慑与矫正，注重人的行为效果而不考虑人的行为动机。不管一个人行为有什么样的动机，只要其结果不好，他就要对行为负完全的责任，就应当受到道德上的谴责。③事实上，不论是报应主义还是功利主义的教育惩罚观，都是有其合理的一面，也有其不足之处。但更重要的问题是，教育的对象是人，

---

① [苏]苏霍姆林斯基. 苏霍姆林斯基选集(第5卷). 吴式颖等译. 北京：教育科学出版社，2001：502

② [捷]夸美纽斯. 大教学论. 傅任敢译. 北京：人民教育出版社，1998：199

③ 冉玉霞. 学校教育中的惩罚与学生成长. 北京：北京师范大学出版社，2011：15

中学教育的对象是一个个有着独特思想、自我尊严的活生生的中学生，不论是何种性质的惩罚，都不能忽略中学生作为有着独特人格尊严的人的根本出发点，否则这种惩罚就会是非人的、不人道的。

**专家观点**

## 恰当的惩罚与罪恶无关①

把惩罚当作由于某种原因而被允许的一种罪恶的看法，我认为在某种程度既不合乎逻辑观点，也不合乎理论观点的。凡是应用惩罚能带来好处的地方，凡是不能使用其他方法的地方，那教师就不应该谈论什么罪恶，而应当感到应用惩罚是自己的一种义务。认为惩罚是一种允许罪恶的那种说法、那种信念，会把教师变成仿效虚伪的对象。任何的虚伪都是不应该有的。无论哪一个教师，都不应该故作姿态说什么：我是圣人，不使用惩罚。

体罚与变相体罚在很大程度上就是基于报应主义和功利主义的惩罚观之上的，往往未能很好考虑个人主观动机和个体感受，因此仅能起强制、警戒作用而不能达到道德教化的目的，更无法触及学生道德生活的根源。所以，体罚与变相体罚不仅是非法的，也是不道德的，其结果也必然是失败的，难以达到教育的预期效果。

（6）从管理学的角度来看，适当的惩戒是维持中学正常教学秩序的必要手段，"没有规矩，不成方圆"

中学实行的是班级授课制，包括班主任在内的中学教师都必须参与班级管理。中学的校纪班规是维持中学有效管理的手段与保障。在纪律管理的要求下，中学生必须保持高度自我控制能力，如果中学生缺乏自我管理能力而违反了纪律规范，那么教师就可以运用惩戒的手段，通过维护课堂纪律和实施一定的奖惩制度来达到纠正中学生的消极行为的目的。

严慈相济，才能很好地实现中学教育、管理工作的目标。中学生管理工作既强调以规章制度为架构、以纪律约束为主要手段的刚性管理，又强调以人为本、以德为先的柔性管理。中学的刚性管理是一种带有强制性的

---

① 吴式颖．马卡连柯教育文集(下)．北京：人民教育出版社，1985：58

管理方式，强调中学生对校纪班规的遵守和服从，这利于维持班级组织正常的教学秩序。尤其是对于自控能力较差、学习态度不端正的学生来讲，更是有利于规范他们的行为和养成良好的学习习惯。因此，从班级管理的角度来说，适当的教育惩戒完全是必要。中学的柔性管理则要求教师树立以人为本、以学生为中心的人性化管理理念，采用非强制性方式，在潜移默化中使组织意志逐渐转化为中学生的自觉行为。而体罚与变相体罚属于粗暴的管理方式，也是与以生为本的管理理念背道而驰，因此，从人本管理的角度来说，体罚与变相体罚是应该予以禁止的。

## 他山之石

### 教育惩罚面面观

美国的教育惩罚主要有三类：(1)一般的纪律惩处，主要包括给家长打电话、罚站、不让参加课外活动、罚早到校或晚离校、被勒令离开教室10分钟或30分钟、罚星期六来校读书；(2)体罚，美国部分州的法律仍然允许学校和老师对学生进行体罚；(3)正式的学校处罚，主要包括开除、勒令转校、罚学生多少天不让上学。[①]

在英国，法律明确规定不得体罚，但保留学校惩戒权，惩戒方式主要包括：罚写作文、周末不让回去、陪值班老师值班、见校长、让校长惩罚、停学。

在日本，法律允许学校进行惩戒，但不得给予体罚。惩戒方式主要包括：可在教室内罚站学生，只要不变成体罚范围；对偷窃或破坏他人物品等行为，放学后可将学生留校，但必须通知家长；对偷窃行为，放学后可以留下当事人和证人调查，但不得强迫学生写下自白书和供词；对于迟到或怠惰等情况，罚扫除、值日是被允许的，但过分逼迫则不行。[②]

在澳大利亚，法律严格规定了学生的身心必须得到保护，不允许教师触碰学生的身体，但法律允许学校进行惩戒。惩戒方式主要包括：提醒、警告、让学生到一边去反思、送到别的班、送惩戒室、见校长、联系家长、

---

① 龙玉梅.美国的学校惩罚.外国中小学教育，2003(12)
② 廖一明.关于教育惩戒几个问题的思考.江西教育科研，2004(7)

停课1～5天等。①

### ≫ 为什么体罚和变相体罚中学生的事件屡禁不止

中学体罚与变相体罚现象发生的原因有多方面，既有整个社会、文化层次的因素，也有个人层次的因素。

（1）教师自身的因素

就中学教师个体而言，体罚与变相体罚的发生，主要受到教师的教育观念、学生观及教育能力的影响。

其一，法律意识淡薄。部分中学教师的教育观念落后，法律意识淡薄，不知道或不执行《中华人民共和国教师法》《中华人民共和国未成年人保护法》等教育法律中禁止体罚与变相体罚的相关法律内容。许多中学教师在体罚或变相体罚学生后而不自知，或者认为体罚与变相体罚也没什么大不了。

其二，学生观存在问题。有些中学教师没有树立科学的学生观，而是把中学生当作完成工作任务的对象、提高中考高考成绩、达到学校考核指标的工具来看待，就是没有把学生当作活生生的"人"来关爱，忽视中学生的独立人格。如前述案例二中教师让学生集体操场罚跪，没有考虑学生的人格尊严，缺乏对学生的基本尊重。跪着的学生与站着的教师形成了鲜明的对比，在这种学生观影响下，相互尊重、民主平等的师生关系更是无从谈起。

其三，缺乏教育机智，没有掌握正确的教育方法。有的中学教师不能区分惩戒与体罚，难以很好地将管理与教育结合起来，缺乏常规管理的技巧，往往是以管理代替教育，其粗暴的管理行为容易沦为体罚与变相体罚。当学生不守纪律、做事不认真或出现违规行为时，不是选择科学、适当的方法来教育和规范学生，而是采用体罚或变相体罚的方式对其进行惩罚。

（2）社会文化层次的因素

体罚与变相体罚普遍存在有时也不是教师单方面原因造成的，而是有着较为复杂的社会原因。

其一，封建主义思想影响。我国传统文化中的封建主义思想影响是中

---

① 周黎明. 不是为了惩罚——澳大利亚中小学的教育惩戒. 齐鲁名师网·名师学习，2012-10-31

学教育硬暴力屡禁不止的重要原因，"师道尊严"根深蒂固，"一日为师，终身为父"的观念仍然潜藏在部分人的心中。因此，部分中学教师对传统的师道尊严抱残守缺，总认为自己是真理的化身，不容置疑，学生一定要听话，不听话就要挨打；也有些教师自己就是在"棍棒底下出孝子"的封建主义思想影响下成长的，视体罚与变相体罚为天经地义，认为对学生严厉就是对学生负责。

其二，中学教师队伍参差不齐，部分教师素质不高。有些教师缺乏良好的职业道德修养，缺乏职业认同感，没有把教育当成自己的事业，对自己的言行缺乏约束，也不努力钻研教育技能；有些教师难以摆正自己的心态，将社会的不公、恶性的竞争等引入课堂，甚至实行怨恨的转移，把学生当作"出气筒"，任意发泄。

其三，学校监管制度不健全。中学管理者对教师监管不力也是教师体罚和变相体罚屡禁不止的重要原因。学校管理的一项重要任务是要为学生身心健康发展创设和提供一个安全、和谐的环境，但中学管理者只注重抓教学质量、考试成绩及校园安全的管理，而忽略了对教师心理健康和师生关系质量的监控。许多学校监管制度仅仅停留在"发现，处理，善后"的层面上，治标不治本。只要不影响班级成绩，管理者对不是很严重或家长不报的体罚、变相体罚睁只眼闭只眼，这又在一定程度上助长了中学体罚与变相体罚现象的发生。

## 三、对策建议

我国教育领域自1986年开展普法教育活动以来，提高了广大师生的法制观念，大多数教师能够自觉遵纪守法、依法执教，为依法治教创造了良好的舆论环境。但是在庞大的教师队伍中，仍然有些中学教师对体罚与变相体罚的危害认识不够，往往将体罚、惩罚、惩戒混为一谈，结果导致了一些不正常的教育现象：一方面有部分中学教师存在法律知识贫乏、法律意识浅薄和法律观念模糊等问题，从而使得体罚与变相体罚的现象在中学时有发生；另一方面，一些中学教师为避免麻烦而采取息事宁人的方式，对犯错误的学生连正常的批评都不敢，怕伤害了学生的"自尊"，怕"管"出"事"成为被告，致使一些学生的不良行为习惯得不到规范，使教育教学工作难以开展。教师问卷调查的数据显示："怕'出问题'不敢管了"的教师占

20.1％；学生问卷调查的数据显示：3.3％的初中学生和 5.2％的高中学生认为教师"不敢管了"。① 事实上，中学教师天然地负有教育与管理的责任，主动放弃对学生的管理就是一种渎职。因此，为实现教书育人、有效管理的目标，需要多方努力、共同配合，在保护中学生合法权益的同时，切实保护中学教师。

1. 依法从教，自觉提高法律意识，杜绝体罚与变相体罚

中学教师队伍建设是中学实现依法治校的关键因素，也是促进中学生身心健康发展的有力保障。中学教师自觉提高自身的教育法律素养，可切实预防侵犯行为和违法施教的发生，从源头上杜绝体罚与变相体罚。

其一，中学教师要自觉学习教育法律知识，提高自身法律意识。中学教师作为教育法律知识的传播者，知法、用法是必备的基本素质。就目前中学教育而言，中学教师需要熟悉《中华人民共和国教育法》《中华人民共和国教师法》《中华人民共和国未成年人保护法》《中华人民共和国义务教育法》等教育法律，明确哪些行为是违法的，哪些行为是法律所允许的。这些教育法律都明确规定，不论教师的主观意愿如何，体罚与变相体罚都是绝对禁止的。

中学教师可适当阅读《教育法学》等教育类法律书籍，明晰体罚与变相体罚的表现、类型、危害等；还可观看《今日说法》《法律讲堂》《普法栏目剧》等中央电视台法制节目，在有关权威法律专家点评现实教育案例的基础上，增加自身的法律知识，开阔法律视野。中学教师要通过学习、对照，认真剖析自己在教育教学活动中存在的违规违纪现象和行为，分析症结，加大整改力度，消除一些在法制方面存在的模糊认识。

其二，中学教师要自觉配合学校法制教育工作。中学校长首先要身体力行，从完善学校内部规则入手，制定与法相宜、条例明确、执行有力的学校规章制度，将学校法制教育经常化、制度化，力从学校制度上杜绝校园内体罚与变相体罚的发生。同时教师要自觉利用业余时间重点学习《中华人民共和国宪法》《中华人民共和国教育法》《中华人民共和国义务教育法》《中华人民共和国教师法》《中华人民共和国未成年人保护法》《中华人民共和

① 董新良，李玉华. 关于基础教育阶段教育惩戒的实践与思考. 教育理论与实践，2006(8)

国预防未成年人犯罪法》等与中学师生健康成长和教育教学工作密切相关的法律法规，并利用校园广播、宣传栏、校园网、图片展等搭建起法制宣传的平台，以学校为主阵地，以课堂为主渠道，立体式地进行法律法规宣传，在校内形成"依法治校、以法治教"的学习氛围。此外，中学教师还可以要求学校就守法用法的问题聘请一些相关专家来校作专题讲座，并着重选取学校生活、学生生活和周边社会中典型事例进行法制培训教育以提高实效性。通过讲解这些法律、法规，使教师自觉地用法律法规来约束自己、保护学生，形成文明和谐的校园文化。

其三，中学教师要主动参加包括法律教育在内的教师培训，在提升自身教育法律知识水平的同时，牢固树立依法执教的教育观念。为使教师培训更有针对性、实效性，中学教师应在继续教育中根据自身存在的不足、关注的焦点问题进行重点、菜单式培训，注重培训与反思相结合。对于一些尖锐问题，如学生在上课期间自行离开教室怎么办、教师是否可以将违纪的学生逐出教室、教师的哪些行为属于侮辱学生的不当行为、教师是否可以留置没有完成作业的学生等教师在教育教学中急需知道的现实问题，教师可以在培训中提出来并共同研讨妥善的解决方案。

2. 坚持惩前毖后的方针，规范教育惩戒行为

惩戒是教师维护学校教育教学正常秩序的重要保证。禁止体罚与变相体罚并不是等同于放弃惩戒，在尊重学生人格的原则下进行适当的惩戒是很有必要的。不过，在实施教育惩戒中，不少中学教师存在较为严重的随意性，不当惩戒、过度惩戒的现象时常发生，在确定采用何种惩戒形式时无固定的标准，缺乏科学性。因此，需要在中学教育中明确科学、规范化的惩戒制度，坚持惩前毖后的方针。

其一，中学教师尤其是班主任可以在与学生、家长、学校领导共同会商的基础上，协商达成班级教育惩戒制度，制订出一些符合国家法律规定与学校现实需要的教育惩戒条文来，详细列出违反校纪班规的学生将要面临的惩罚，尤其是对一些有争议的惩戒形式，如罚立、罚抄作业、罚跑步或批评反思等形式都要做出明确规定，使惩戒措施逐步规范化、制度化，便于教师在教育教学中正确地行使其惩戒权，以确保惩戒权的行使公正、合理、合法，尽量减少惩罚所带来的负面影响。如前述案例一，该中学与家长签订"惩戒协议"，并列出对学生违纪的 11 条惩戒办法，这一办法是个

维持班级纪律良好的开端，但由于在协商过程中缺乏中学生的参与，没有充分考虑中学生们需要与诉求，还是不够完善。

惩戒制度的达成与实施必须以尊重中学生为前提，重在惩前毖后、治病救人。校纪班规不仅要在形式上合法，且在内容上具有公正性，不得违背常理，其中尤其要明确规定惩戒的范围与主体，突出惩戒针对的目标是学生的越轨行为而不是学生个人；还要明确规定中学教师在行使惩戒权时自由裁量限度，拥有多大自主决定权，避免惩戒权的滥用，切实保护学生的合法权利。

其二，惩戒教育要做到三结合，即惩戒与尊重相结合、惩戒与因材施教相结合、惩戒与说服教育相结合。第一，中学教师应根据三个维度来确定应采取何种强度的惩戒，即根据中学生错误行为的严重程度、中学生以前的行为历史和中学生错误行为发生的背景，来确定惩戒时教师权力运用的强度。第二，教师在进行惩戒教育的时候，要注意不要增加中学生的学习负担，尽量避免当众惩戒和集体，尤其不要进行株连惩戒，绝对不可使用体罚。第三，实施惩戒教育必须根据学生不同的心理特点，因材施教。惩戒要恰到好处，教师要客观的分析、了解学生的心理状态，根据真实需要进行惩戒。对违规行为的处分轻重要合理，根据行为的危害程度，给予不同程度的惩戒。对中学生违纪行为可进行分类，对大违纪（如打架、偷窃、赌博、屡次逃课等）和小违纪（如不完成作业、不认真听讲、不遵守课堂纪律等）要采取不同的惩戒方式。对前者，可适当采取校内处分、通知家长、隔离反省等方式，后者可采取课后留堂谈话、写说明书等。

## 名师故事

### 魏书生的惩戒方式①

教育家魏书生在教书育人的实践中做了很多尝试，例如：①惩罚唱一支歌。②惩罚做一件好事。③罚写说明书，这比一般写检讨书效果好。写说明书基本使用心理描述的方法，描绘出心理活动的 3 张照片，每张照片上都有两种思想在争论。第一张照片，犯错误前，两种思想怎么争论；第

---

① 严育洪．教育我们还能做什么．北京：首都师范大学出版社，2008：75

二张照片，边犯错误，两种思想怎么交战；第三张照片，犯错误之后，两种思想作何感想。④罚写心理病历。有的错误有较深的思想根源，病情较重，反复发作，比较有效的方法之一就是写好心理病历。心理病历包括疾病名称、发病时间、发病原因、治疗方法、几个疗程。⑤罚喊口号。

其三，教育惩戒的实施要坚持四个原则：第一，公开性。公开是公正的前提。协商制定的惩戒制度要公之于众，惩戒规则应对中学生公开，让中学生自己对照，中学生也能知道自己犯了何种错误、应该接受什么样的惩戒。此外，也可以按照学期为时间周期，让中学生对照惩戒规则，民主评议教师本学期来所有的惩戒措施是否恰当。教师对中学生进行惩戒时，要对家长公开，惩戒教育需要家长的理解、配合与支持。① 第二，反馈性。中学教师要明确惩戒的目的，同时也应当让被惩戒学生充分理解为什么受到惩戒。教师还要关注学生被惩戒后的行为表现，并将学生行为矫正情况向家长及其他学生进行反馈，以促进学生改正错误，使学生不再犯类似的错误。第三，补救性。对被惩戒的中学生，教师要尽量给予他们将功补过的机会，鼓励他们做一些有利于班集体的事，这样有利于补救并增强他们的自尊心，强化惩戒效果。第四，最少性。惩戒是学校教育的最后教育手段，对学生学生身心健康难免会有一定的影响。所以，中学教师在使用惩戒时要慎之又慎。如果确有必要惩戒，应在规定的惩戒标准之内进行，惩戒的程度要尽可能小，执行的范围也要尽可能小，从而最大程度地保护学生不受惩罚的第二次伤害。

3. 更新教育理念与管理方式，提高教师教育机智

道德是一种约定俗成的习俗性规则，教师道德是基于大量教育事例形成的社会共识，道德规范的制定应该是出自师生双方的需要，法律也只是道德的延伸。因此，提高教师道德，避免体罚与变相体罚，规范教育惩戒现象，其根本还是要落实在作为道德主体的"人"的身上。

其一，树立并落实以生为本的教育理念。以生为本，就是将学生作为独特的、有着自己人格尊严的"人"来看待，从学生的角度和立场出发，把学生作为学校教育和管理的根本，把维护学生的合法利益放在学校教育的

---

① 柏文学．教育惩戒该怎样进行．中国教育新闻网·基础教育，2009-05-12

首位，并以关心、关怀、关爱学生的健康成长为教育教学目的。这就要求学校在教育、教学、管理等学校的一切工作中确立学生的主体地位，教师要关注学生的道德生活和人格养成，建立平等、民主的师生关系。正是把学生当作成长中的活生生的人来看待，教师才能心平气和地将学生的犯错看作成长过程中的正常现象；正是了解了中学生身心发展不平衡的特点，教师对学生才能更多一分信任、理解和宽容；正是真正做到充分尊重学生的人格、人权，教师才不会去侵害学生的合法权益。

教育——这首先是研究人的学问。不了解孩子，不了解他的智力发展，他的思想兴趣、爱好、才能、禀赋、倾向，就谈不上教育……进入少年时期仿佛是一个人的第二次诞生。①

其二，更新教育管理方式，提高教师教育机智。许多中学教师之所以体罚与变相体罚学生，并不是由于道德败坏，而往往是由于教育无方、管理乏术。因此，需要更新传统粗暴的师道尊严、动辄打骂的教育管理方式，提高教师的教育机智。中学教育惩戒与体罚、变相体罚之间的差别很微妙，关键是要看中学教师会不会使用惩戒，这就是惩戒的教育艺术，也是教师的教育机智的重要体现。

中学教师在惩罚方面的教育机智体现在以下四方面：第一，惩戒方式的选择大有讲究。惩戒方式要是学生能够接受的，要根据学生的不同情况而采用不同的惩戒方式，这样才能达到教育效果。对于内向、胆小的学生，可先提醒或私下批评；对于外向、粗枝大叶的屡犯，则可当众批评、警告。第二，惩戒分寸的把握颇有学问。惩戒过轻，则不到告诫的效果；惩戒过重，又会引起学生的反抗情绪；唯有惩戒公正合理，方能使学生心服口服。第三，惩戒时机的掌握极为重要，过于滞后的惩戒效果不大。恰当时机的把握极为考验教师的教育机智，也是教师的经验、对学生的了解等的综合运用，惩戒要及时。第四，惩戒结果要合目的性。合目的性的惩戒结果可以达到学生自我教育的目的，而不会由于惩戒使得师生之间产生对立情绪。如果惩戒时机把握得好，加上惩戒方式的可接受性，在形式上是公正合理的，在结果上是合目的性的，那么惩戒就获得良好的教育效果，能对形式

---

① ［苏］苏霍姆林斯基．公民的诞生．黄之瑞等译．北京：教育科学出版社，2002：76

起到告诫、唤醒的作用，甚至借此实现学生道德的升华，最终达到惩前毖后、治病救人的目标。

## 名师故事

### 恰当的惩戒带来良好效果①

英国皮亚丹博物馆收藏了两幅画——一幅是人体骨骼图，一幅是血液循环图。这是当年一名学生约翰·麦克劳德的作品。这个孩子有一颗特强的好奇心，老想看看狗的内脏是怎样的。有一天，他终于偷偷宰杀了一条狗。而这条狗恰恰是校长的宠物，校长知道了，决定给他惩罚，罚他画两幅画。这就是博物馆收藏的这两幅画。麦克劳德后来成了一位有名的解剖学家，并最终因他发现胰岛素在治疗糖尿病中的作用而走上了诺贝尔的领奖台。

---

① 韩东才. 班主任基本功：班级管理的基本技能. 广州：暨南大学出版社，2009：139

# 专题三　为人师表，树立教师职业形象

## 一、典型案例

### 案例一：武汉严查教师有偿家教①

记者日前从武汉市教育局获悉，经举报并查实，该市 4 名教师因参与有偿家教受到严厉处分，其中，1 名教师被辞退；3 名教师受行政警告处分；某城区一名初中校长因本校教师参与培训机构补课活动，负有管理责

---

① 程墨，王小占．教育部门下发系列文件，严查在职教师有偿家教．中国教育报，2012-8-2

任，被全区通报批评。

据了解，2009 年被聘为武汉某中心城区示范初中代课教师的刘某，因教学出色，后担任班主任。经举报查实，刘某利用假期参与社会培训机构代课属实。根据有关规定，该校对其作出辞退处理。

另悉，某新城区教师刘某，自 3 月起每周六组织本班 17 名学生在其家中补习，先后补习 10 次，收取补课费 2520 元；教师冯某，利用周六先后在其家中为 5 至 6 名学生补习，收取补课费 2000 元；教师范某，利用假期和周末，组织本班 12 至 16 名学生补习，收取补课费 4760 元。3 名教师的行为经举报并查证属实，所在区教育局立即要求 3 名教师将收取的补课费全额退还相关学生或家长，并分别予以行政警告处分。

近年来，为严查教师有偿家教，武汉市教育局印发系列文件，明令禁止在职中小学教师从事有偿家教，明确要求各级各类骨干教师不得参加营利性质的讲座、培训班等讲学活动；同时，明确要求各中小学校将"在职教师不得从事有偿家教、不得暗示或强制学生接受有偿家教"作为聘用教师的基本条件之一，列入聘用合同，并明确其处理条款。

武汉市教育局局长徐定斌告诉记者，一旦接到对投诉对象、家教地点等信息明确的举报，市、区教育局将组织调查组实地暗访、现场取证，并通过不记名问卷、电话取证等方式直接向学生、家长取证。对在职教师有偿家教、违规办学收费等问题，有诉必查，一经查实，依纪依规严肃处理。

## 案例二：借教师节向家长要"慰问金"①

昨摆宴索要"慰问金"，今被迫退款丢"乌纱"。某中学校长因借庆祝教师节之名向学生家长收取"慰问金"被免职，所收款项被责令全部退还。

据宁夏教育厅一位负责人介绍，该中学在当地是一所声誉较高的初中，每年升入高中的比例都很高。正因为如此，许多学生都希望到那里就读。

2011 年 9 月 6 日，在这个学校就读的许多学生都带回来一张写着家长姓名、盖有学校公章的请柬，邀请他们 9 月 7 日晚参加在金丽园酒店举行的庆祝教师节活动。9 月 7 日晚，人们在金丽园酒店看到了一般婚宴上才

---

① 庄电一. 石嘴山八中校长被免职 有关部门责令全部退款. 光明日报，2011-09-14

能见到的景象：一张收礼桌摆在二楼楼道，周围围着"自愿"交纳"慰问金"的家长。两位坐在桌后的女士满脸喜悦地数钱、记账、开收据，忙得不亦乐乎。据在现场的《新消息报》记者观察，家长所交"慰问金"多少不等，最少的 500 元，最多的 5000 元，多数捐款在 500 元至 2000 元之间。

2011 年 9 月 8 日，《新消息报》就此刊登了一篇现场报道，立即引起广泛关注。该市相关负责人告诉记者，有关部门决定免除现任校长职务，同时责令学校全部退还家长的捐款并向学生家长公开道歉。

**案例三：两校中学老师群殴 数百名学生和家长惊叹不已**[①]

2008 年 7 月 9 日上午，某市一中和三中的 20 多名老师，在数百名初中毕业生面前大打出手。目睹此景，学生目瞪口呆，家长摇头不止。

上午 9 时许，一中和三中的老师便吵了起了，随后，双方多名教师参战，不料场面失控，约 20 名教师打成一团。数百学生和家长目睹了这一

---

① 刘汉泽 . 襄樊 20 多老师在数百名初中毕业生面前大打出手 . 中国教育新闻网·法治频道，2008-7-10

幕。后来有人报警，清河口派出所民警赶来，带走双方 10 来名教师。"为人师表，竟在数百名学生和家长面前打群架。"一名学生家长说，不管什么原因，老师在学生面前打架是不妥的。

一名知情老师介绍双方打架的原因是：这几天，一中、三中均在三十七中设有招生宣传点，双方在宣传各自学校时，有"损害"对方学校的言语。为此，双方有教师言语不和，最后动起手来。

记者从清河口派出所了解到，双方教师已被教育部门派人接走。当日下午 2 点，该市教育局严肃处理"教师打群架事件"，并认定涉事的两所学校均系违规招生宣传，对两校的招生行为提出严肃批评，并要求立即整改。

### 案例四：中学校长职称评审中弄虚作假　职务资格被取消①

近日，合肥市 12345 政府服务直通车多封举报信把省示范高中、巢湖市某中学校长肖某推上了舆论的风口浪尖，直指他在 2013 年度中高级教师职务推荐申报工作中所提交的材料有造假嫌疑。"巢湖市某中学校长肖某职称评审材料弄虚作假，担任校长期间，从未上过课，所有材料都是造假。"举报人还表示，肖某在任青山职业中学校长期间，也企图申报高职，被举报后撤销。

昨天下午，巢湖市教育部门针对举报一事再次做出了回应，证实了肖某申报职称材料造假。巢湖市教育局回应称，经查，该中学在 2013 年推荐申报中、高级教师职务时，虽然成立了由 7 人组成的职评工作领导组，但对肖某的职评材料审核不严，肖某提供的所授学科教学设计、进度、课表、工作量证明等材料不真实，且评审材料没有按要求在校内公示一周。巢湖市教育局已会同市人社局联合向合肥市人社局发函，取消了肖某的中学高级教师职务资格；同时，对槐林中学职评领导组及肖某本人在职称评审中的弄虚作假行为提出了严厉批评。

### 案例五：高中老师频繁骚扰女生被录音②

日前，西祠胡同曝出一段江苏省东台市东台某中学一名高三女生与数

---

① 李国珍 袁星红．巢湖槐林中学校长评职称材料造假 职务资格已被取消．安徽网·新闻中心，2013-12-26

② 高中老师频繁骚扰女生被录音．三湘都市报，2010-03-25

学老师彭老师的对话录音，录音显示，彭老师经常在晚自习和补课时找女学生到办公室或者阴暗角落谈话，对女生动手动脚：刮鼻子、拍屁股、摸胸……女生多次指责彭老师对自己和班上其他女生进行性骚扰，彭老师则一再用"酒喝多了"为自己开脱，并多次道歉。显然，彭老师并不知道学生正在偷偷录音。这起被称为"录音门"的事件在东台及网络上引发了一场轩然大波。

"你跟我们说，90后和以前的(孩子)有什么区别？我告诉你，90后就是不会像以前那些女生，面临性骚扰不吱声，而是勇敢地说出来。"录音中学生的这段话赢得网友追捧。

据《新早报》报道，这位彭姓教师所带班级的多名女学生均受到不同程度的骚扰。

据悉，东台某中学校领导已与录音中的老师进行了谈话。江苏省东台市教育局纪检部门已介入调查，已就此事向东台市纪委进行汇报。

## 二、案例评析

### ≫ 什么是为人师表

为人师表，就是做人和育人方面，教师都要成为表率，成为学生行为的楷模。具体来说，教师为人师表主要体现在三个方面：一是优雅整洁、乐观开朗；二是作风正派、品德高尚；三是廉洁自律、遵纪守法。为人师表是教师职业形象的本质要求。自觉维护教师良好的职业道德形象，是每一个教师应尽的职责。师德的具体表现，就是为人师表，教书育人。教师在日常教学活动中，甚至在校外活动中，要铭记教师身份和职业形象，筑牢师德根基，在一言一行、举手投足之间，体现出教师的独特魅力和示范价值。因为，教育无处不在，无时不在，学生在时刻关注着教师的行为表现。

### ≫ 什么是教师职业形象

职业形象是指从事某种职业的团体或个人通过自身的从业行为而留给他人及社会公众的总体印象。良好的职业形象对搞好本职工作具有巨大的推动力。[①]

教师职业形象是作为教师的群体或个人在教育教学活动中所体现出的

---

① http：//define. cnki. net/WebForms/WebDefines

职业特质和行为特征，是教师职业精神、风貌和存在状态的表征。教师职业形象不仅来源于社会外在评价，也来源于教师群体内部或个体对其职业活动所持的知识、观念和价值的评价，还来源于学生及家长对教师教书育人言行的评价。这是教师自我形象和社会形象的统一。

### 名人名言

其身正，不令而行；其身不正，虽令不从。

——孔子

学生是善于模仿的，爱好模仿是一种良好的天性。因此，任何教师都需要记住，在敢于担当培养一个人的任务之前，你自己就必须造就成了一个人，自己就必须是一个学生心中的模范。

——[法]卢梭

教师教育工作的全部就是为人师表。

——陶行知

教师如何为人师表？教师的职业形象究竟是什么？只有把这些搞清楚了，才能在教育活动中不会有所偏离。2008年，教育部颁发《中小学教师职业道德规范》，对中学教师职业道德问题做了明确回答。文件中第五个方面明确提出了教师的职业形象要求，即，教师要"为人师表。坚守高尚情操，知荣明耻，严于律己，以身作则。衣着得体，语言规范，举止文明。关心集体，团结协作，尊重同事，尊重家长。作风正派，廉洁奉公。自觉抵制有偿家教，不利用职务之便谋取私利"。实际上，其他五个方面，爱国守法、爱岗敬业、关爱学生、教书育人、终身学习，均是教师为人师表的必需之举，也是为人师表的具体化表现。教师职业具有育人成才的生命共同体特征，其特征是，为人师表，以心换心，以行导行，育人成才，是生命对生命的呼唤，是心灵与心灵的互动，是师生生命共同体的建设和发展。正如德国哲学家雅斯贝尔斯所说，"教育意味着一棵树摇动另一棵树，一朵云推动另一朵云，一个灵魂唤醒另一个灵魂。"这句名言说出了教师职业的深刻内涵，教师是高尚灵魂的唤醒者和陪伴者。

### ≫ 哪些行为有损教师职业形象

当前我国少数教师中存在的有损职业形象的不良行为主要有以下几种类型：

其一，以教谋私。少数中学教师利用自己的职业谋取私利：有些教师不安心本职工作，开展或者组织参与针对学生的经营性活动，热衷于在校外开班、培训、有偿补课等谋私活动；少数教师利用职务之便，强制学生订购教辅资料、报刊等谋取个人利益；少数教师正常的教学内容在课堂上不讲，反威逼利诱学生参加其组织的家教活动，进行有偿家教；个别教师甚至要家长为其办私事，从中谋取私利，弄得家长有苦难言；少数教师利用教师节等节假日巧立名目、索要或者违反规定收受家长、学生财物等。案例一、案例二所介绍的情况表明，经济逐利思想已经在部分地区一些教师心中产生负面影响，为钱而教的现象已经给教师形象造成很大伤害。向学生收补课费，向家长索要慰问金，失去了教师最为宝贵的尊严和崇高的育人使命。

其二，德行不彰。少数中学教师德行不修，出现打架斗殴、参加赌博与教师身份不符的活动，有辱斯文，这些人意识不到自己对学生的影响和社会的评价，忘记了自身育人的责任；少数教师缺乏诚信，在招生考试、职称评审、教学科研中弄虚作假，营私舞弊，更恶劣者甚至不顾礼义廉耻，利用职责便利，对学生实施性骚扰或与学生发生不正当关系，造成师生关系、家校关系紧张，进而损害了教师职业形象。案例三表明，极个别教师忘记了自己对学生的独特影响，竟然为个人恩怨、生活琐事，在学生面前彼此大打出手，全然不顾学生怎么看待自己。这样的人怎么能承担教书育人的职责？

其三，不思进取。少数中学教师缺少现代社会的竞争意识和危机意识，不懂得教师职业的特殊性，忘却了"教给学生一碗水，自己需要一桶水"的道理，不思进取，教学方法陈旧，知识老化，学生听课乏味，课堂效率低，教学效果差，被学生和家长列为不受欢迎的教师，个别教师甚至被学生"轰出"教室，败坏了教师"学高为师"的形象。

其四，急功近利。少数中学教师将学生当作考试的"奴隶"和机器，其教学行为以升学率为根本动力，存在揠苗助长、涸泽而渔等急功近利行为，并对学习成绩优良的学生给予多方关照，而对学习成绩不够理想的学生不闻不问；少数教师还给学生进行分数排名，炒作所谓高考状元。在这种功利价值观的驱动下，分数才是"王道"，育人为本、德育为先成为了一句空喊的口号。在素质教育正在成为教育主流的今天，固守应试教育是不得人心的。

由于极少数教师存在的有损职业形象的不良行为，导致目前社会上对于教师职业形象存在一定的认识误区：要么对教师职业的认识过于理想，对师德要求无限拔高，把教师当作不食人间烟火的神仙；要么对教师职业的评价过低，将教师与社会其他一般职业等同，认为教师从教无非是为了谋生，没有看到教师无私奉献的一面。事实上，虽然目前我国师德师风确实存在一定的问题，需要引起教师们的正视，但也不必过分夸大问题而抹杀了整个教师队伍的积极性，更不应将某些普遍社会问题单独"嫁祸"于教师。

从教师队伍整体现状来分析，教师主流是健康向上、值得信赖的。因此，社会各界仍然应对广大教师心存敬畏，充分理解，积极支持。他们在辛苦而平凡的工作岗位上，做出了可歌可泣的业绩，例如，舍身护生的"最美女教师"张丽莉、边打吊针边给学生上课的"最敬业教师"冯海、用血肉之躯拼死保护学生的雅安地震灾区的中学教师们、为保护学生而空手斗歹徒的安徽省灵璧县黄湾中学教师陆荣飞等，他们的事迹无不令人动容，这样优秀的中学教师还有很多。相比其他职业，教师仍是更令人尊敬的职业，想到生命中那些感动自己的经历，除了父母和亲人，最容易出现的形象仍然是教师。

## 小贴士

### 中小学教师职业道德规范（2008 年修订）

一、爱国守法。热爱祖国，热爱人民，拥护中国共产党领导，拥护社会主义。全面贯彻国家教育方针，自觉遵守教育法律法规，依法履行教师职责权利。不得有违背党和国家方针政策的言行。

二、爱岗敬业。忠诚于人民教育事业，志存高远，勤恳敬业，甘为人梯，乐于奉献。对工作高度负责，认真备课上课，认真批改作业，认真辅导学生。不得敷衍塞责。

三、关爱学生。关心爱护全体学生，尊重学生人格，平等公正对待学生。对学生严慈相济，做学生良师益友。保护学生安全，关心学生健康，维护学生权益。不讽刺、挖苦、歧视学生，不体罚或变相体罚学生。

四、教书育人。遵循教育规律，实施素质教育。循循善诱，诲人不倦，因材施教。培养学生良好品行，激发学生创新精神，促进学生全面发展。

不以分数作为评价学生的唯一标准。

五、为人师表。坚守高尚情操，知荣明耻，严于律己，以身作则。衣着得体，语言规范，举止文明。关心集体，团结协作，尊重同事，尊重家长。作风正派，廉洁奉公。自觉抵制有偿家教，不利用职务之便谋取私利。

六、终身学习。崇尚科学精神，树立终身学习理念，拓宽知识视野，更新知识结构。潜心钻研业务，勇于探索创新，不断提高专业素养和教育教学水平。

中华人民共和国教育部
二○○八年九月一日

### ≫ 为什么会发生有悖为人师表的事件

有损教师职业形象的师德问题频发，既有教师个人因素，也有社会因素，是当前我国社会发展中出现的各种问题在教育领域的折射。原因之一是，我国教师行业门槛偏低，教师职业对社会优秀人才的吸引和聚纳性还不够高。有些大学生，即便是非师范专业，考个教师资格证就能当教师，而教师资格证的获取仅仅是几门简单的考试；另一个原因是，师范院校在培养教师时，重知识教育而轻职业道德教育，缺少道德实践体验和磨炼，在这种体制下培养出的教师只符合了"学高为师"标准，却忽略了更为重要的"身正为范"标准；此外，教师德育专业化程度低，德育专业维度缺失，德育专业训练先天不足，制约了德育实效性的提高，成为师德问题频发的第三个诱因。教师德育专业功底薄弱，就使教师少了一道教育"防火墙"，道德免疫力偏低。而网络的推波助澜和片面炒作，进一步放大了师德负面案例的影响。当然，有效提高师德建设，仅靠师德培训远远不够，还需要提高教师准入门槛难度，对学校行政体制、教学体制、管理体制等进行改革，在提高教师整体工资水平的同时，切实加大监控力度，借助健全的激励制度达到外力约束的效果。

### ≫ 做不到为人师表，会带来哪些危害

虽然少数中学教师违反职业道德的不良行为不是中学教师的主流，但这些不良行为的存在既会对中学生的身心发展带来严重的负面影响，也会对教师职业形象构成严重伤害。

（1）教师德行不彰，会影响到中学生的身心健康

学生对教师容易产生道德敬畏和精神依附。部分教师德行不修，甚至

利用自己的职责之便和学生对教师的敬畏心理，做出失德行为，对学生进行侵犯。如案例五中的数学教师就是利用晚自习和补课的借口，对女学生频繁进行性骚扰；而大部分学生对老师超出常人的举止行为缺乏防范意识，不会想到她们所尊重的人会对自己实施骚扰、侵害，事后又由于害羞、害怕等心理难以鼓起勇气对教师进行检举揭发，从而使得该教师所带班级的多名女学生均受到不同程度的骚扰。很显然，该事件被曝光后，不但这些被性骚扰的学生将会留下难以磨灭的心理阴影，而且会使得其他学生对教师产生不信任、不安全的感觉，这种感受和经历将不利于学生日后形成正确的价值观和积极的世界观，从而深刻地影响学生身心长远、健康地发展。

(2)教师举止失范，会给中学生带来负面的"言传身教"

学生具有天然的向师性，容易将教师作为自己模仿、学习的对象。而教师如果自身行为失范，其负面形象就会给学生树立一个坏榜样，这样的教师不但没有通过自身的积极示范发挥教育的正面引导作用，反而导致学生难以真正形成正确的世界观、价值观以及习得优良的行为习惯。如案例三中的两个中学的教师为争夺生源而在学生、家长面前公然大打出手，这种行为实在是有辱斯文，愧对为人师表的称号。教师平时总是教导学生要相互友爱，自己却不顾形象进行群殴，这叫学生日后该如何去相信、尊重这些不自重的教师呢？案例四中校长为了职称评审却一再弄虚作假，本应是全校师生德行榜样的校长居然说一套、做一套，实在是让学生们大跌眼镜，这将会消解学生心中的教师权威的形象，并进而颠覆学生对于社会公平和社会正义的价值判断，容易影响学生形成言行不一、知行脱节的人格特质。教师自身举止失范，将使得教师的公信力下降，教师的职业形象也将大打折扣。

以下案例就表明，如果师长的行为失范或价值取向存在问题，会对学生产生深远的负面影响。

## 案例：学生试卷贴百元钞票　老师退钱判零分①

近日，在青岛论坛上一个名为《改卷子的时候发现空白处贴了 100 块

---

① 徐栋 于滈．这名学生真"有财"试卷贴上"百元钞"．青岛早报，2011-03-09

钱》的帖子很受关注，随后记者联系上了发帖的王老师。据王老师介绍，他是一所中学的老师，前段时间，他在批改一次高中会考模拟试卷，当他改到一份试卷的时候，发现这个卷子中间夹了东西，翻到背面的时候发现一道试题的答题处竟然贴了一张百元大钞，他将这张钞票掀开发现，答题处是一片空白。

"从来没看到过这么荒唐的'答案'，确实是哭笑不得。"王老师告诉记者，每学期的会考成绩，最终会记入学生的综合成绩，并写入档案，所以每次会考都很重要。可能这名学生因为不会答这道题，就将钱贴在试卷上，想让老师手下留情。"孩子家中比较富裕，但是学习一般。"王老师告诉记者，随后他将这100元钱还给了该学生，并对他进行了批评教育。

随后记者就此事咨询了一名教育专家韩老师。"可能是目前这种社会现象在环境上影响了孩子，让他单纯地以为用钱就可以解决此事。"韩老师说，而且学生这么做显然是不够成熟，没有考虑到其他人的感受。另外，她认为学生的家长在教育孩子方面也存在一定的问题，不能以取得好成绩为最终目的。"家长也应该用积极向上的教育方法和目的教育、引导学生，不能为了让孩子完成学业而学习。"韩老师告诉记者，家长们一定要注意言传身教，尤其是那些家庭比较富裕的孩子，家长一定注意培养孩子正确的金钱观，告诉孩子不要炫富，以免造成不良影响。

(3)教师以教谋私、唯利是图，容易造成师生关系的异化

教师向来有两袖清风、廉洁自律的优良传统，并因此赢得了社会的赞誉。而教师以教谋私的行为，包括有偿家教、索要学生财物等都直接加重了学生及家长的经济负担，容易使师生之间的纯洁的教学关系蜕变为赤裸裸的金钱关系，将会在学生心灵中过早地印刻上不公平、势利等不良的社会风气，这些行为违背了教师无私奉献的职业操守，不利于维护教师的职业形象。如案例一中的教师进行有偿家教、收取高昂的补课费用，必然会加重学生及家长各方面的负担；教师在获取个人利益的同时，会渐渐淡薄对本职工作的责任，渐渐失去师生互动中纯净的情感。如案例二中，该校长借庆祝教师节之名向家长强索（慰问金），这种行为远远超出了师生情谊表达的范畴，显然已不是一方感恩、一方领情的问题，而已成为一种变味的交易和要挟。该校长的行为扭曲了以身立教、为人师表这一师德的人格力量，因此也就败坏了教师声誉，损害了教师职业形象。可以说，以上教师急功近利、唯利是图的行为，一方面反衬出这些教师的目光短浅、价值取向存在问题，另一方面也破坏了教师一直以来淡泊名利、志存高远的形象。

总之，目前社会各界对教师的有些批评、要求也许比较苛刻，但这正表明社会对教师有更高的期待。这种期待源于教师职业的特殊性。国家有关部门已逐渐建立更有效率的评价机制，激励优秀教师教书育人，尽快把那些已经不符合教师资格要求者清除出教师队伍。这样做，不是对教师群体的伤害，反而是保护。教育部颁布的《关于建立健全中小学师德建设长效机制的意见》(教师[2013]10号)和《中小学教师违反职业道德行为处理办法》，必将有效促进中学师德问题的有效解决。

### ≫ 多视角解读为人师表

为人师表既是教师的法定义务，也是师德的基本要求，还是教师教育魅力的源泉。我们可以从政治、教育、伦理、评价等多个角度，来分析为人师表职业道德规范的内在规定性。

（1）从法律法规视角来看，为人师表是法定义务，是国家对所有教师的强制要求

我国一系列教育法律与政策对教师的为人师表作了明确规定。《中华人民共和国教师法》第八条规定，教师应"遵守宪法、法律和职业道德，为人师表"。《中小学教师职业道德规范》第五条明确规定，教师应"为人师表"，要"衣着得体，语言规范，举止文明。关心集体，团结协作，尊重同事，尊重家长。作风正派，廉洁奉公。自觉抵制有偿家教，不利用职务之便谋取私利。"《中小学教师违反职业道德行为处理办法（试行）》第四条规定，"教师有下列行为之一的，视情节轻重分别给予相应处分：（四）在招生、考试、考核评价、职务评审、教研科研中弄虚作假、营私舞弊的；（六）对学生实施性骚扰或者与学生发生不正当关系的；（七）索要或者违反规定收受家长、学生财物的；（八）组织或者参与针对学生的经营性活动，或者强制学生订购教辅资料、报刊等谋取私益的；（九）组织、要求学生参加校内外有偿补课，或者组织参与校外培训机构对学生有偿补课的。"

党和国家领导人及政府文件对教师"为人师表"进行了多次强调，提出了具体要求。1996年，中央《关于深化教育改革，全面推行素质教育的决定》指出："教师要热爱党，热爱社会主义祖国，忠诚于人民的教育事业；要树立正确的教育观、质量观和人才观，增强实施素质教育的自觉性；要不断提高思想政治素质和业务素质，教书育人，为人师表，敬业爱生"。2007年，习近平同志指出，广大教师要秉持严格的师道，自尊自励，刻苦钻研，养成求真务实的治学态度，恪守严谨笃学的良好学风，坚持以学生为本、以言传道、以行垂范，用真理、真言、真行教化学生，用真情、真心、真诚感化学生。要坚守崇高的师德。每一位教师都要有当好人民教师的责任感和荣誉感，忠诚于党的教育事业，树立高尚的道德情操和精神追求，甘为人梯、乐于奉献。要练就高超的师艺，秉持终身学习理念，不断拓宽知识视野、更新知识结构，不断创新教育方法，努力成为受学生爱戴、让人民满意的好教师。2013年教师节前夕，国家主席习近平再次指出：

"教师是立教之本、兴教之源，承担着让每个孩子健康成长、办好人民满意教育的重任。希望全国广大教师牢固树立中国特色社会主义理想信念，带头践行社会主义核心价值观，自觉增强立德树人、教书育人的荣誉感和责任感，学为人师，行为世范，做学生健康成长的指导者和引路人；牢固树立终身学习理念，加强学习，拓宽视野，更新知识，不断提高业务能力和教育教学质量，努力成为业务精湛、学生喜爱的高素质教师。"

(2)从教育视角来看，为人师表是教师的有效教育手段，是教师教育魅力的源泉

为人师表本身就是教育的有效手段。一方面，教师是知识的启蒙者和智力的开发者，为人师表对青少年智力的开发起着重要的促进作用；另一方面，教师也是青少年思想品德的示范者，通过自己得体的言行举止正面引导中学生发展，这种榜样示范本身就是中学阶段有效的教育方式之一。一个具有良好师德、较强责任心的教师，必然会意识到自己本身就是一本书，自己的言行举止就是书中的内容，要把自己当成一本活教材，以身立教，树立良好的、正面的师德形象。每一位教师，任何时候都不能忘记自己的教育者身份，力求使自己的一言一行都成为中学生学习的好榜样。

教师主要通过自己言行和品德来发挥对青少年的榜样作用，体现为人师表的教育功能。"教师在生活、教学和社会实践中，所表现出来的素质与行为都可以成为他人的表率。"[①]对于教师言行举止方面的示范，可以通过直接模仿学习而获得；而对于教师道德品行方面的影响，则是通过潜移默化的影响而习得的。言语温和文雅、动作细致和谐的教师所带班级的学生，往往在言谈举止上适宜得体；如果带班的教师言行粗俗，所带班级学生的言行将不堪设想。一句话说得好："任何学生的身上都可以看到老师的影子。"从某种意义上来说，青少年可以成为教师检验自己言行举止是否适宜，道德品行是否高尚的一面镜子。而在案例三中，两校中学教师在学校群殴，引起数百学生、家长的惊叹，从而成为学生的反面教材，这样的教师以后还有什么资格去教导学生相互友爱、不要打架呢？正如学生家长所言，不论出于什么原因，教师在学生面前打架总是不妥的。

(3)从道德视角来看，为人师表有助于净化社会风气，有利于强化社会

---

① 胡相峰．为人师表论．教育研究，2000(9)

的伦理自主性

教师是人类灵魂的工程师，是社会的先知先觉，教师队伍为人师表行为必将发挥净化社会风气的积极作用，有助于我国社会伦理自主性的提升，引导更多中国人从绝对富裕走向相对崇高。如果教师不能做到为人师表，就会阻碍整个社会风气的净化。前国家主席胡锦涛指出，"教师应该自尊自立，努力成为无愧于党和人民的人类灵魂工程师，以人民教师特有的人格魅力、学识魅力和卓有成效的工作赢得全社会的尊重。"①具有高尚情操的教师以自己的道德境界和人格魅力影响着社会，并获得社会的尊敬。当社会拥有一支将为人师表、廉洁自律作为道德规范和行为准则的教师队伍时，整个社会的道德自主性会相应增强，教师的社会地位也会进一步提高。

（4）从评价视角来看，为人师表是对教师言行的激励和硬性约束

教师要真正做到为人师表，需要在各个方面对自己严格要求。如何达到这些教育要求，除了对教师进行教育和培训以外，还应该进行科学的评估，发挥激励性评价的引导作用，并对教师失德问题给予及时惩处。奖优罚劣是改善师德的必要手段。教育家陶西平指出，应该重视评价全体教师的德育工作质量。一些学校已经开展学科德育、课堂德育评价，看教师的德育水平、德育意识如何。有的学校、老师还是觉得《学科德育纲要》是个附带的任务，而不是主要任务，还存在德育"两张皮"现象。对于教师教学工作的考核，往往过分重视教学和教研，并没有把德育的考核放在重要地位。《学科德育纲要》强调学科教学是进行德育的重要途径，但落实过程中还有不少问题需要研究。②

教师形象是为人师表的外在表现，体现了教师的精神状态，是中学教师气质的流露，折射出教师的文明修养，反映了教师的教育素养。仪表主要包括着装和言谈举止等。教师的仪表会被青少年所模仿，是一种物化的教育资源。一个为人师表的教师必然"注重"和"讲究"自己的仪表，尽可能给青少年留下美好印象。中学阶段的青少年即将走入高等院校和社会，教师需要对青少年进行生涯指导和职业形象设计，所以，教师的职业形象和行为举止十分重要。衣着服饰整洁、大方、端庄、时尚的教师，往往成为

① 胡锦涛. 在全国优秀教师代表座谈会上的讲话. 光明日报，2007-09-01
② 陶西平. 我国青少年道德教育困境与出路选择. 教育科学研究，2013(3)

63

青少年心目中的偶像。在言谈举止方面，教师应该规范优雅、积极健康，使用青少年能够理解的语言，适当发挥表情、眼神等无声语言的暗示作用。在中学教育阶段，学生价值观已经初步形成，自主性明显提高，但思维的成熟性还不足，情绪波动比较大，很多行为需要理性引导，教师行为就是青少年行为的最佳示范，因此，教师要注意自己行为的规范性。

作风正派、品德高尚是为人师表的重要内容。教师对青少年、对家长、对同事应当热情诚恳，在工作上认真负责，在道德品行上言行一致，是非分明。要求青少年做到的，自己应先做到。需要家长配合的时候，教师应以谦虚的心态和家长交流，同事之间要真诚合作。严于律己、宽以待人应成为教师接人待物的主要原则，也是衡量教师道德品质高尚的主要标志。在教育实践中，要有身教胜于言教的意识，特别是对于思维处于抽象和逻辑推理快速发展阶段的中学生来说，行为示范远胜于抽象的口头说理，教师以自己的实际行动作为榜样，是最适合于青少年特点的教育方式。"桃李不言，下自成蹊"，教师的不言之教在中学阶段十分重要。"学高为师，身正为范"，能够达到不教而教，是教师最高的教育境界。

## 小贴士

### 教师廉洁自律守则①

一是不准接受或向学生家长索要礼品、礼金、有价证券等，不准接受学生家长宴请及其他任何形式的娱乐、健身、垂钓和旅游活动，不准利用学生家长为自己办事。

二是不准利用职务之便违规向学生收取费用，不准统一为学生代订或向学生推销教辅用书、学习用品等。

三是不准从事有偿家教，不准擅自在校外办学机构兼职兼课，不准动员或变相动员学生参加有偿家教和校外办学机构的补习或为其提供生源等。

四是不准以调整座位、课堂提问、课后辅导等方式谋取私利。

五是不准在工程建设、物资采购、资产资源处置中捞取好处，收受贿赂。

六是不准歧视、侮辱、体罚和变相体罚学生。

---

① 中小学教师廉洁自律守则，http：//www.jyssy.com/list.jsp? id＝17638

七是不准在上班时间上网聊天、玩游戏、炒股，或做其他与工作无关的事，不准在课堂上接打手机。

八是不准参与一切形式的黄、赌、毒和封建迷信等活动。

九是不准在工作日午间、值班时间饮酒，任何时间、任何场所不准酗酒。

十是不准酒后驾驶机动车辆和违反其他交通法律法规。

十一是不准有损害社会公德、影响公共环境、危害公共秩序的不良行为。

十二是不准违反国家法律法规和其他纪律规定。

廉洁自律是教师为人师表的重要内涵。在现阶段，我国社会主义市场经济处于初级发展阶段，金钱至上、以经济利益为中心的思潮所导致的社会对物质利益的过分依赖，已经对教育工作者的思想产生了负面效应。在这样的背景下，强调教师廉洁从教尤为重要。《中小学教师职业道德规范》就是专门为杜绝中小学教师利用身份职务之便谋取私利，在廉洁从教方面做出的规定。很明显，案例一和案例二中所涉及的某些中学教师，就违反了《中小学教师职业道德规范》中的相关规定。从本质上讲，有偿家教、唯利是图行为玷污了教师的称号。我国教师社会地位和工资待遇不断提高，教师的经济状况逐步得到改善，这为教师廉洁从教奠定了客观物质基础。由于教育事业的特点，教师要成为经济富翁是不可能的，教师必须具有安贫乐道、默默奉献的精神，对教师的特殊使命有清晰的认识，坚守高尚的情操，在平凡的岗位上寻找精神的富足感和职业幸福感。

## 三、对策建议

1. 充分认识中学教师的职业特性，努力克服职业惰性，加强学习，注重教育教学实践创新

教师是育人的伟大职业，但中学教师也是一个普通的工作岗位。这个岗位的特点是容易产生职业惰性，教学内容的重复性、教学对象的相似性、工资福利的相对欠缺，均容易使中学教师产生职业倦怠和心理枯竭问题。

信息技术的革命一日千里，为教师克服职业惰性提供了机遇。比如，以往教师多采用口头讲述和黑板板书的形式教学，将这些形式作为传递教

学信息的载体。但随着科学技术的发展与进步，教师可以在网络等信息技术支持下，不断推陈出新，运用电子文档、PPT以及多媒体计算机网络教学。在教学过程中，不断从原有知识体系中发现新问题、引发新创造、新观点。例如，将所教内容与同学关注的重大时事政治、社会新闻相结合，提高同学的现时感悟，引发学习兴趣，从而使自己获得教学上的愉悦感、成就感。同时，教师要关注世界范围内的教育教学新动向，对"翻转课堂"、"慕课"等新事物加强学习和研究，使自己的工作充满新奇和活力。

### ▲ 小贴士

#### 创新师德教育，引导教师树立远大的职业理想①

将师德教育纳入教师教育课程体系。师范生培养必须开设师德教育课程，新任教师岗前培训开设师德教育专题，在职教师培训把师德教育作为重要内容，记入培训学分。重视法制教育、心理健康教育和民族团结教育。创新师德教育内容、模式和方法，突出针对性和实效性。采取实践反思、师德典型案例评析，情景教学等丰富师德教育形式，把教书育人楷模、一线优秀教师等请进课堂，用优秀教师的感人事迹诠释师德内涵。结合教育教学、社会实践活动开展师德教育，切实增强师德教育效果。

2011年，美国教育部曾经提出一个观点："提高教育质量的关键，不在于评价教师，而在于如何培育教师。"这个观点是具有借鉴意义的。面对中小学教师职业道德形象被质疑的困境，不能停留在互相抱怨的低层次上，应该进一步了解、理解教师职业的特殊性，以更加有效的专业培养和激励制度，引导中小学教师主动克服职业惰性，提升教师职业的创造性，充实教师职业趣味，焕发教师职业生活的活力，解决职业枯竭问题，在教学改革创新上取得新进展，这才是教师职业形象的本义所在。

2. 加强自省自律，禁止有偿家教，适当进行无偿家教

家教是指老师利用自己课外的休息时间给某方面课程欠缺的学生免费开小灶，以弥补他们的不足，地点多发生在学生家里，也可以发生在放学

---

① 教育部.关于建立健全中小学师德建设长效机制的意见(教师[2013]10号)

后的学校里。这充分体现了教书育人的崇高，家访、家教曾经是很多学生及家长心目中温暖动人的字眼。

有偿家教是指少数教师利用节假期休息时间对有补课或课外辅导需求的学生提供有偿服务的活动或行为。其表现形式包括在工作日期间到校外进行有偿家教、到校外机构兼课办班、将正常课业留作课后有偿补课内容、借课后辅导之名收取额外费用等。

中学教师必须明确有偿家教的危害。《中华人民共和国教师法》第八条规定："执行学校的教学计划，履行教师聘约，完成教育教学工作任务。"《中华人民共和国义务教育法》第三十五条规定："学校和教师按照确定的教育教学内容和课程设置开展教育教学活动，保证达到国家规定的基本质量要求。"《中小学教师职业道德规范》第五条规定"为人师表"，"自觉抵制有偿家教，不利用职务之便谋取私利"。《中学教师专业标准（试行）》第四条规定："具有良好职业道德修养，为人师表。"

正常家教与有偿家教的根本区别在于：正常家教以免费为标志，目的在于学生的进步与成长，而有偿家教的原罪在于它是以盈利为目的。家教是日常教育的有益补充，课后的辅导也是有必要的，但有偿家教往往使得家教变质，成为追逐名利、提高"分数"的工具，因而是应该予以禁止的。有偿家教、收礼行为违背了爱岗敬业、献身教育的这一师德的基本要求。因此，中学教师要自省自律，坚决抵制有偿家教。

如果学生确实需要课后辅导，可采取无偿辅导、学校补助的做法，由学生向学校提出补课申请，然后安排教师在课后对学生进行"查缺补漏"、"补缺补差"，切实帮助有学习意愿、学习能力不足的学生，促进学生的集体进步。当然，前提是教师或学校不得向学生收取任何费用。对于教师的无偿补课，学校在财力所及的范围内，可对教师采取一定的激励措施，以激发教师的积极性。教师的劳动价值和辛苦付出，应得到尊重。

3. 重塑现代教师职业形象，提升教师在青少年成长中的人格影响力

现代社会的中学教师职业形象，应该被赋予丰富的时代特色，在其原有良好形象的基础上构建具有时代特质的理想形象。中学教师要成为终身学习者和学生学习及生命成长的引导者。在"知识爆炸"的信息社会，教师无法仅凭职前教育所获得的知识一劳永逸地对学生进行"知识输出"。教师必须紧跟知识更新步伐，不断学习新知识、吸取新观点、研究新问题，教

到老，学到老。同时，在信息社会、终身教育背景下，教师不可能也没有必要把浩如烟海且正在不断更新的知识都教给学生，教师应当帮助学生掌握学习的方法，形成独立学习的习惯和能力，引导学生学会学习。教师的独特意义不仅在于他（她）是知识的给予者，还在于他（她）是学生自主学习的引导者。所以，研究型教师是信息化社会背景下的理想教师形象。善于研究思考的教师，才能成为有思想的教师，而有深刻思想的教师，才能撼动青少年的心灵。

## 小贴士

### 严格师德考核，促进教师自觉加强师德修养①

将师德考核作为教师考核的核心内容，摆在首要位置。各级教育行政部门要制定师德考核办法，学校制定具体的实施细则。师德考核应充分尊重教师主体地位，符合教师职业性质，促进教师专业发展；坚持公平、公正、公开原则；采取教师个人自评、家长和学生参与测评、考核工作小组综合评定等多种方式进行。考核结果一般分为优秀、合格、基本合格、不合格四个等次。考核结果公示后存入师德考核档案并报学校主管部门备案。师德考核不合格者年度考核应评定为不合格，并在教师资格定期注册、职务（职称）评审、岗位聘用、评优奖励和特级教师评选等环节实行一票否决。

为了保持教师自身知识和体验的鲜活和充盈，为了高效地把自己的所得所悟传授给学生并与学生一道畅游于教育教学的艺术境界，教师不仅要从事学科教学，更要从事教育研究；不仅要研究教材，更要研究学生；不仅要研究教师的教法，更要研究学生的学法；不仅要研究学生的共性，更要研究学生的个性。教师成为研究者是教师自身价值实现和提升的重要途径。教师通过从事研究，自己创造着自己的专业生活质量，使教师工作更富有创造性和内在魅力，从而提升教师群体的社会声誉，摆脱"照本宣科"的刻板形象，提高自己的学术地位、经济地位和职业认同感，彰显教育生活之美。

---

① 教育部．关于建立健全中小学师德建设长效机制的意见（教师［2013］10 号）

# 小贴士

## 关于搞好教师职业形象的要求①

为进一步搞好教师职业形象、高标准完成教育教学任务，从根本上维护教师个人的威望，特制定以下要求，简称"十要十不要"。

一、要重视教师的示范作用，在教育、教学、管理工作中，在校内外，在言行举止各方面为人师表，要求学生做到的，教师必须首先做到。不要把教师工作仅仅看作谋生手段。

二、要认真对待教学各环节要求，特别是认真备课，不要讲无准备的课，不要讲不深不透的课。

三、要保证教学按计划正常进行，不要在课堂上长时间讲与教学内容无关的话，更不要以任何理由擅离课堂。

四、要向学生明确答疑时间，不要对后进生漠不关心，不要以休息等借口回避、拖延学生提出的问题。

五、要严格管理，不要对无组织无纪律、不专心听讲等现象熟视无睹。

六、要尊重学生，循循善诱，改进工作方法，不要随意将学生轰出教室，撒手不管。

七、要尊重家长，热情洋溢，落落大方，不要对违纪学生家长冷漠、训斥。

八、要增加法规意识，倾心于本职工作，不要热衷于家教、校外兼职，禁止向教学对象收取酬金，禁止在校内搞家教。

九、要严格按收费卡收费，选购教学资料须经教学处批准，并坚持自愿原则，不要强迫学生购买。

十、要维护办公室的办公环境，不要在工作时间内玩游戏及长时间聊天。

以上规定全体教师必须严格遵守，职工也要遵守。如有违反，造成不良影响，学校将视情节轻重予以严重处理，包括批评教学、扣发奖金，直至解聘。此规定自公布之日起实行。

---

① http://bj156.xchedu.cn

教师要真正成为他（她）自己，教师职业要成为独特的富有魅力的职业，有赖于教师自身不断体味和反思自己的职业行为和生存状态，逐渐形成明晰而合理的专业自我。只有这样，教师职业才能真正称得上是一门专业，才能凭借职业自身之美为从业者和社会公众所认同并受到由衷的赞誉，才能在现代社会树立职业价值和个体价值融于一体的独具教育魅力的教师形象。

4. 深化对教师职业神圣性的认识，珍惜与青少年共同成长的生命时光，在教学相长中感悟教师职业的独特幸福[1]

一项对 21 个国家的教师地位进行比较的国际性调查认为，中国教师获得的公众尊敬程度是相对最高的。按照这项由英国萨塞克斯大学教授彼得·多尔顿编纂的全球排行榜，英国的教师排在第 10 位。这项调查考察了各国公众对于教师作为一个职业的专业地位、信誉、收入水平及吸引力的看法。调查证实，在拥有重视教育的文化传统的中国，教师享有很高的地位。大多数中国成年人认为，学生应该尊敬自己的老师——相比之下，在大多数欧洲国家，只有少数人认为学生应该尊敬老师。在英国，只有大约 1/5 的成年人认为学生应该在学校里对老师表现出尊敬。报道称，在中国，老师与医生相提并论，而在英国，他们更多与护士和社会工作者归入一个类别。美国人把教师与图书馆管理员相提并论。多尔顿教授认为，这揭示了在教师角色认识上的文化差异。[2]

《中华人民共和国教师法》第二十五条规定："教师的平均工资水平应当不低于或者高于国家公务员的平均工资水平，并逐步提高。"《中华人民共和国教师法》第二十六条规定："中小学教师和职业学校教师享受教龄津贴和其他津贴，具体办法由国务院教育行政部门会同有关部门制定。"国家会继续重视教师的合理物质诉求，满足教师合理的物质需求，解决教师职业劳动价值和劳动报酬难成正比的问题，使得教师的经济报酬与职业价值相适应。国家将进一步为教师创造良好的教师工作条件，提供教师备课、教学所必需的图书资料，教学实验所必需的仪器设备，进行多媒体教学所必需的科技设备。这些客观条件，将减轻教师的工作强度，避免过度疲劳，为高质量教学奠定物质基础。

---

[1] 谢春风. 要更加关注班主任的幸福感. 教育科学研究，2010(11)
[2] 参考消息，2013-10-05

中学教师要高尚其事，深化对教师职业神圣性的认识，珍惜与青少年共同成长的宝贵时光，感悟教师职业的独特幸福。在当今社会，教师职业的幸福感具有明显的比较优势，这主要来自于教师职业的神圣性和成就感。教师教书育人，桃李满天下，可谓"桃李不言，下自成蹊"。中学教师，尤其是班主任，多年以后，当自己的众多学生围绕身边，向老师过去的辛勤劳动表示感激的时候，当教师看到昔日顽童一个个成为栋梁之材时，这种职业幸福感是多么崇高啊！教师和班主任的职业幸福感，不仅来自社会的尊重和羡慕，也来自自身的和谐人际关系和个人价值选择倾向。积极心理学奠基人之一、美国心理学家克里斯托弗·皮特森 2010 年 8 月 13 日在"北京积极心理学与教育国际研讨会"上指出："别人对我们是非常重要的，最幸福的人均有良好的人际关系。""有更好人际关系的人，身体更健康，活得更久长。当你为别人服务时，你往往会更加幸福。""幸福不仅是自己个人的事，还与他人有关。当你很幸福时，你周围的人，比如你的亲人、朋友、同事、同学等，都会变得更加幸福而快乐。"克里斯托弗·皮特森的话令人深思。教师的幸福，不仅关乎自己及亲人，也关乎每个学生及他们的亲人，还关乎社会的进步。所以，我们要调查研究教师和班主任的职业幸福问题，引导每个教师、班主任踏上职业幸福的道路。

道德不是呵斥他人的鞭子，而是点亮自己心灵的灯火。教书育人，师道尊严。教师不断对自己进行道德赋能，培育自己的高贵精神品质，是教育的内在要求。中学教师要善于用自己的德性光辉照亮青少年的心路，用高尚灵魂唤醒孩子的灵魂，青少年将因此感受到人生的幸福和人性光辉，获得战胜各种艰难困苦的内在力量。教师，特别是班主任，承担的工作是神圣的，但自己也生活在世俗世界中，并不是"圣人"，同样具有普通人所具有的喜怒哀乐和生活诉求，苛求教师和班主任完美而脱俗是不公正的，也是不现实的。但作为教师，仍不能放弃对自己高尚品质的培养和灵性境界的追求，因为教师是一种"有道德灵性的动物"，有别于普通人、普通职业。只有善于超然，乐于崇高，清者自清，才能更加接近教育的真义，也会体会到作为教师和班主任的职业幸福。"虽尚不拥有，但心向往之"，这是中学教师追求高尚师德、教书育人，达到职业幸福应具备的基本态度。

# 专题四 公平施教，反对教育歧视

## 一、典型案例

### 案例一：学校按成绩发三色作业本　校方称为培养学习兴趣①

2011年10月，某中学根据学生的成绩好坏，将学生的作业本，也分成了三个颜色。成绩好的学生用绿色作业本，成绩中等用黄色的，而差生只能领红色作业本。学校的领导说，分层次作业是为了因材施教，每个学生的基础不同，分层次布置难度不同的作业，可以培养学生的学习兴趣。在教育部门介入调查后，该中学已经全部收回了三色作业本，统一改用没有字母标记的黄色作业本。

---

① 李泳君．学校按成绩发三色作业本　校方称为培养学习兴趣．中国青年网·中青之声，2011-11-02

### 案例二：某中学给优秀生穿红校服　教育部门紧急叫停①

2011 年教师节前夕，某中学向初二、初三年级学习成绩前 50 名的学生发放红校服，红校服背面印有白色"优秀生"的大字，普通学生穿的是蓝色或白色校服。没能穿上红校服的同学对媒体表示，"不好意思跟'红校服'走在一起"，因为"人家一看就知道谁学习好，我们穿蓝校服的都觉得心里不是滋味"。此事被媒体曝光后，该市教育局已对此事做出处理，要求该中学停止学生穿红校服的做法，收回发放的全部红校服，并将就此事在全区中小学校进行通报，要求各学校严格执行教育部的意见，不得以任何形式区别对待学生。

## 二、案例评析

### ≫ 什么是教育公平

教育公平是指全体社会成员可以自由、平等地选择和分享各层次公共教育资源。教育公平的根本旨归是学生的优化发展，归根结底要落实在学生个体上，其本质是一种个体公平。教育公平包括两种性质的公平：一种是"平等"的公平，即"平等"地对待相同者；另一种是"不平等"的公平，即

---

① 王俊秀.包头一中学给优秀生穿红校服　教育部门紧急叫停.中国青年报，2011-10-27

差异地对待不同者。平等对待的要义是实现尊严平等，使学生形成积极的自我价值体验，这是平等对待的途径和目的；差异对待的精髓是差异化任务和弹性化分组，实行因材施教。

### >> 什么是教育歧视

教育歧视是在学校和教育教学活动中对特定的个体或群体给予不同的看法，从而导致该个体或群体的人格尊严等权利受到损害的一种活动。教育歧视的主要表现是按成绩的好坏将学生区分成优等生、中等生、差生；按考试分数分成重点班（快班）和普通班（慢班）；以及座位安排歧视、课堂提问歧视、作业批改歧视、性别歧视、家庭歧视、身份歧视、性格歧视等。案例二中，以学习成绩为依据让中学生穿上不同颜色的校服，造成了事实上的身份歧视，这就是一种典型的教育歧视。

### 案例：教师让差生去医院测智商①

2011年10月，某市部分教师让差生去医院测智商，称影响自身业绩。如果孩子智商低，那么即使成绩差也不会影响到教师的业绩。2011年10月30日，该市教育局和市政府督导室联合下发通知，严禁对中小学生进行"智商测试"，并开展专项督查，对存在此类错误做法的学校和老师，在各类评优评先中"一票否决"。

---

① 丁波. 江苏无锡部分教师让差生去医院测智商 称影响业绩. 新华网·新华教育，2011-10-30

## ≫ 教育歧视有哪些表现

在中学阶段，教育歧视突出体现为教师对学习成绩差、学习能力不足的中学生的歧视。例如，有些中学教师，常常把班上学生分成三六九等，在布置、批改作业、课堂提问、解答问题等方面区别对待，成绩好或被认为"有潜力"的学生往往会受到教师更多的关心与关注，甚至课后单独"开小灶"，而对成绩较差的"差生""后进生"则不闻不问、漠不关心；在学生座次排定上，班主任倾向于安排学习成绩好的学生坐在教室靠前的位置，一些遵守纪律差、不太听话的学生则安排坐在教室的后面，抱有一种"关注前排、兼顾中排、放弃后排"的教学态度；为了便于管理，有些教师不让"问题"学生参加集体活动；为了提高班级平均学习成绩，对一些学习成绩差的学生，以各种理由，逼迫、利诱他们不参加学校或区市组织的统一考试，甚至动员他们转学、休学、退学；教师让成绩优秀的学生担当班干部，并给予一定的优待与特权，而普通学生则不能拥有同等待遇。

### 案例：学习成绩差 考试要挨冻①

2011年11月8日，某县第二中学初三年级的班主任老师安排学习较差学生在教室外面考试。据了解，这些初三的学生正在进行期中考试。考试正值立冬，当地气温骤降十几度，校方称安排这些平时学习较差，偶尔调皮捣蛋的学生在外面考试，是为了让他们懂得学习的艰辛。

## ≫ 什么是因材施教

因材施教是一种合理的教育差异对待，是指教师在教学中根据不同学生的认知水平、学习能力以及自身素质等，选择适合每个学生特点的学习方法以进行有针对性的教学，发挥学生的长处，弥补学生的不足，激发学生学习的兴趣，树立学生学习的信心，从而促进学生全面发展。因材施教主要包括因性施教、因龄施教、因能施教等，表现为对不同性别、不同年龄、不同能力等的学生进行差异化的教育教学。在中学教育活动中，教师可以根据不同的学习能力将学生分为不同的学习小组，教师再进行分组指导；或者教师也可以在习题中实行弹性化作业，增加加试题，让学生选择难易适中的作业。案例一中的三色作业本事件，虽然学校声称是对不同成

---

① 聂俊鹏．学习成绩差 考试要挨冻．中国青年报，2011-11-09

绩的学生实行分层次作业，但作业本颜色的区分并不具有足够的必要性，颜色区分之后也缺乏妥善的补偿性措施，因此，三色作业本的做法看似因材施教，实际上仍然是教育歧视。针对三色作业本事件，正确的做法应该是：教师可以在充分了解学生情况的基础上进行分层次作业，更重要的是在作业之后要对学生进行针对性的指导，进行补偿性教学，而不必进行作业本色彩上的区分。

## 名师故事

### 孔子因材施教的故事①

　　樊迟、司马牛、仲弓和颜渊这四个人，都是孔子的学生。有一天，这四位学生都向老师提出了同一个问题：问仁。孔子听了，对这四个学生居然给出了四个深浅不一、截然不同的答案。

　　樊迟问仁。子曰："爱人。"

　　司马牛问仁。子曰："仁者，其言也讱。"

　　仲弓问仁。子曰："出门如见大宾，使民如承大祭。己所不欲，勿施于人。在邦无怨，在家无怨。"

　　颜渊问仁。子曰："克己复礼为仁，一日克己复礼，天下归仁焉。非礼勿视，非礼勿听，非礼勿言，非礼勿动。"

　　教育公平并不意味着以同样的方式对待每一个人。真正的教育公平是用同等的方式对待同等的人，不同的方式对待不同的人，让每个人在自己的基础上获得适合自己的发展机会。

　　在孔子看来，樊迟的资质较鲁钝，孔子对他就只讲"仁"的最基本概念——"爱人"，樊迟知道这些就已经足够了；司马牛"多言而躁"，孔子于是便告诫他：做一个仁人要说话谨慎，不要急着表态；仲弓对人不够谦恭，不能体谅别人，孔子就教他忠恕之道，要能将心比心、推己及人；颜渊是孔门的得意弟子，已有很高的德行，所以孔子就用仁的最高标准来要求他——视、听、言、行，一举一动都要合乎礼的规范。

　　对于学校教育的主体实施者——教师而言，真正的教育公平必须能够

---

　　① 陈时见，彭泽平．教育公平．北京：高等教育出版社，2012：34～35

做到尊重和重视学生的差异性，使得各类学生都得到最大限度的发展，在这个方面，孔子恰恰是推进教育公平的典范。

教育歧视产生的原因，既有宏观的社会、文化因素，如教育中的性别歧视、家庭歧视、身份歧视等就是社会歧视在教育领域中的反映，另外也有微观的个体因素。就中学教师个体而言，教育歧视的原因主要有：教师受中考、高考成绩排行和应试教育的评价机制的影响，以分数论英雄，偏爱成绩好的学生；部分教师受封建传统思想影响，存在性别刻板印象，对不同性别的学生进行不公平对待；部分教师的教育观扭曲、教育素养不高，导致出现教育不公平现象，有的教师喜欢以貌取人，有的教师爱慕虚荣，对家庭条件好、与自己有利益关系的学生过多关注，而对来自社会底层的学生视而不见；部分教师存在极为功利的学生观，将学生当作自己职称、奖励评定等向上爬的阶梯，对自己有用的学生予以重视，对自己没有帮助的学生予以歧视，而不是把学生当作平等的人来看待。这些因素的综合影响，就导致了教育歧视的发生，并会对学生造成极大伤害。

## ≫ 教育歧视会带来哪些危害

教育歧视有悖于教育公平的精神，是与教育民主的理念背道而驰的，其不公平、不公正的做法往往会严重地危害学生的身心健康，损害学生的人格尊严，也不利于维护教师"学高为师，身正为范"的职业形象。

（1）教育歧视会损害中学生的人格尊严，伤害其自尊心和自信心，打击学生的学习积极性

中学生自尊心极强，且内心极其敏感。类似案例一和案例二中红蓝校服、三色作业本等将中学生区分为"三六九等""贴标签"的教育歧视行为首先就会损害成绩不够拔尖的学生的人格尊严，容易使这些学生觉得低人一等、大失颜面，给学生一些"你不如别人"的心理暗示，让学生背负上沉重的心理负担，进而伤害学生的自尊心和自信心。以案例二中的红校服事件为例，初二、初三年级学习成绩前50名的学生穿红校服，红校服背面还印上"优秀生"的大字，这种做法似乎是在激励所有学生向优秀学生看齐，但这让穿着蓝色校服的普通学生情何以堪。色彩的美学意义在这里已经褪变为区分优秀生与差等生的标签，成绩差异将转化为身份歧视。在校园情境中，蓝色校服会时刻提醒学生自己的身份意识和智力水平。很难想象，一

个中学生在如此无处不在的颜色歧视之下，还能够"快乐和诗意"地学习。可以想象的是，穿着蓝色校服的学生也许再也不愿与穿着红色校服的学生走在一起，整个校园将被人为地分裂为红、蓝两大阵营。

## 小贴士

### 备受歧视的"差生们"

一些教师和学校视成绩差和不守课堂纪律的学生为专制的对象，认为这些学生既拉低学科成绩的平均分，又破坏教学秩序，也严重影响教学效果。通过成绩与纪律这两条线将学生分成不同的阵营，这是教学歧视的常见形态，往往使受歧视的同学失去信心、厌恶学习。①

《北京青年报》2001年6月25日的一篇报道说：据全国少工委的一项统计，在我国现有的3亿学生中，被老师和家长列入"差生"行列的学生已达5000万人，每6个学生中就有一个差生。这一总数相当于1个法国或10个瑞士或100个卢森堡的人口总数。"差生"在学业上不再被认为有什么希望，而业已成为家长和老师的"问题孩子"，他们无法得到老师的青睐，成为了班级的"多余人"，也很少见到父母的笑颜，成了家里的"烦心病"。②

中学生的自尊心受挫后，容易与教师产生对立情绪，也容易使他们向两极发展，影响学生今后的成长：一种是产生自卑心理，失去克服困难、学会学习、争取进步的勇气和信心，从而产生抗拒心理。有的学生受到歧视后，感到自己不被人理解，因此在性格上孤僻，行为怪异；另一种则加倍表现自我，显示自己与众不同，但又常常朝错误的方向发展，甚至以大欺小、以强凌弱，进而走上犯罪的道路。教育歧视对于处在渴望自我价值得到认可的中学生来说，无疑是一股将其推入社会边缘的无情力量。可以说，在中学阶段，给学生贴标签、划等次等的教育歧视行为不但不能起到榜样、激励作用，反而会大大伤害学生的自尊心和自信心，打击学生的学习积极性，因此，这种以牺牲学生自尊自信为代价的教育教学，是不可容忍的。

---

① 廖茂忠. 教学公平论. 现代教育论丛，2002(1)
② 张声源. 有感于5000万"差生". 江西教育科研，2001(10)

### 案例：教师语言暴力让"爱"变成伤害①

2003年4月，某市一初三女生因为上学迟到，被班主任当着其他同学的面贬损："你学习不好，长得也不漂亮，连'坐台'的资格都没有。"女生遭此侮辱，跳楼自杀身亡。

2004年，某市中学教师用选举差生的方法来惩治调皮学生，并用"猪""人渣"等词语来"激发自尊心"，结果使得学生纷纷转学、休学和离家出走。

（2）教育歧视使得教育资源向部分学生倾斜，侵害了其他学生的受教育权，加剧了教育的不公平

受教育权利是每个学生都平等享有的权利。不论是按照成绩划分重点班级，还是按照教师个人喜好偏爱特定学生，都会在客观上使得有限的教育资源向部分学生倾斜，从而侵害了其他学生的平等受教育权。受教育权平等包括受教育的机会平等和受教育的待遇平等。当学校将所有的优质教育资源、优秀教师向重点班级学生聚集时，普通班级的学生就接受不到应受的优质教育服务，这就是教育待遇的不公平；当教师偏爱乖巧、听话的异性学生并给予额外的辅导与课堂提问的机会时，这种教育中的性别歧视显然会导致对其他学生在教育机会上的不公平；当教师将学生区分为优秀生、中等生、差生并对优秀生给予座位优待、作业批改优先、评奖关照时，这种能力歧视就会导致对成绩差的学生在教育过程上的不公平。学校的教育资源是有限的，教师的时间和精力也是有限的，当教师过多关注部分学生时，必然会难以顾及或忽视其他学生的合理要求与需要，从而加剧教育的不公平。

### 案例：学生座位安排完全与考试成绩挂钩②

某市20中初三班级学生的座位安排完全与学生的考试成绩挂钩，成绩好的学生坐前边，成绩差的学生坐教室的后边。由于班级的人数有70余人，有个子矮或眼睛近视的同学因为考试不理想也只能望"黑"兴叹了！这种与教育实际和教育法背道而驰的做法应该禁止。老师不能因为学生成绩相对不理想影响了他们的中考奖金而放弃甚至歧视学生。

---

① 英子．教师语言暴力让"爱"变成伤害．央视国际·教育频道，2006-03-23
② 学生座位安排完全与考试成绩挂钩．中国日报网·湖北频道，2011-08-30

（3）教育歧视也会损害教师的职业形象

教育歧视不仅会伤害中学生的身心健康，打击学生的学习积极性，也会损害教师"学高为师，身正为范"的职业形象，包括教师在学生心目中的地位。部分教师嫌贫爱富，偏爱那些家庭条件好、对自己生活有现实帮助学生。教育歧视容易引起其他学生的反感，这种过于世俗化、功利化的教育行为在贬低教师自身人格的同时，会损害整个教师的职业形象。同时，教育歧视的目标在于进行区分，它在给学生贴上各种标签之后缺乏有效的补偿性措施，因此它往往导致教育教学活动的不公平、不公正。各种类型的教育歧视都会让学生受到不平等待遇，使得学生对教师难以形成客观、公正的评价，甚至产生对教师的抵抗情绪，"其身不正，虽令不从"。这样既不利于提高教学效果，也不利于民主、平等、和谐的师生关系的形成。

### ≫ 多视角解读教育歧视

当前，我国教育立法和行政部门对待教育公平问题的基本态度是：主张教育公平，严禁教育歧视，尊重学生人格尊严和多样性发展需要，允许适当地差异对待，做到因材施教。

（1）从教育法律法规的视角来看，教育歧视是非法的，主张教育公平

《中华人民共和国教育法》第九条规定："公民不分民族、种族、性别、职业、财产状况、宗教信仰等，依法享有平等的受教育机会。"第三十六条规定："受教育者在入学、升学、就业等方面依法享有平等权利。"

《中华人民共和国教师法》第八条规定："关心爱护全体学生，尊重学生人格，促进学生在品德、智力、体质等方面全面发展。"

《中华人民共和国未成年人保护法》第十八条规定："关心、爱护学生，对品行有缺点、学习有困难的学生，应当耐心教育、帮助，不得歧视。"

《中华人民共和国义务教育法》第二十二条规定："不得将学校分为重点学校和非重点学校。学校不得分设重点班和非重点班。"第二十九条规定："教师在教育教学中应当平等对待学生，关注学生的个体差异，因材施教，促进学生的充分发展。"

《中小学教师违反职业道德行为处理办法（试行）》第四条规定"在教育教学活动和学生管理、评价中不公平公正对待学生产生明显负面影响的"，"视情节轻重分别给予相应处分。"

以上法律条款都明确肯定了学生的平等受教育权，教师既要平等对待

学生，也要差异对待学生，在实现教育公平的同时，关注个体差异，最终达到因材施教的教育目标。

在案例二红校服事件中，以学生成绩的优劣来对学生进行校服颜色上的划分，这是对学生学习能力的公然歧视，也是对成绩不够优秀的学生的人格的侮辱，违背了"关心爱护全体学生，尊重学生人格""不得歧视"的法律精神。因此，对于类似红校服事件这样的教育歧视行为要予以严厉禁止。该市教育局要求该中学停止学生穿红校服、收回发放的全部红校服并通报批评该校的做法。这是教育行政部门对教育歧视行为的正面回应。

（2）从教育政策角度来看，教育歧视是不合乎教育规范的，平等对待学生才是教育的正道

《中小学教师职业道德规范》第三条规定："关心爱护全体学生，尊重学生人格，平等公正对待学生。"第四条规定："因材施教"，"不以分数作为评价学生的唯一标准。"

《中学教师专业标准（试行）》第七条规定："平等对待每一位中学生。不讽刺、挖苦、歧视中学生。"第八条规定："尊重个体差异，主动了解和满足中学生的不同需要。"第十一条规定："尊重教育规律和中学生身心发展规律，为每一位中学生提供适合的教育。"

《国家中长期教育改革和发展规划纲要（2010—2020年）》提出"把促进公平作为国家基本教育政策。教育公平是社会公平的重要基础。教育公平的关键是机会公平，基本要求是保障公民依法享有受教育的权利……全社会要共同促进教育公平"。

教育部也曾明确要求各级各类学校面向全体学生，以符合学生成长规律和教育规律的正确方式教育和引导学生，坚决反对学校以任何方式对未成年学生进行所谓的"好"与"差"的区别，不得以任何形式区别对待学生。教育部在2013年颁布的《中小学教师违反职业道德行为处理办法（试行）》还明确了对教育歧视的处理办法，其中第四条规定"在教育教学活动和学生管理、评价中不公平公正对待学生的"，将"视情节轻重分别给予相应处分"。

在案例一的三色作业本事件中，教师对不同成绩的中学生分层次布置难度不同的作业，这是与在兼顾公平的前提下进行差异对待、因材施教的教育政策精神相符合的，也是应该予以提倡的，毕竟每个学生的基础不同，对其布置的作业的难易程度、作业量应该也是有所差别的。但是，教师根

据学生的成绩好坏将学生的作业本也分成了三个颜色的这种做法却不具有充分的必要性，反而构成了教育歧视。因为这种颜色区分的做法首先就有损于学生的人格尊严，红色作业本成为了差生的标识，而绿色作业本则是优生的象征，当颜色与身份等同时，这样的教育区分也就变质成了教育歧视。教育歧视是我国教育政策明令禁止的，因此，颜色区分的做法是应予以取缔的。该中学最终全部收回三色作业本、统一改用没有字母标记的黄色作业本的正确做法就是对以颜色区分进行教育歧视现象的拨乱反正，差异对待必须以尊重学生人格为前提。

（3）从教育学的角度来看，歧视侵害了学生的平等受教育权，也与教书育人的宗旨不符

人格尊严是我们享有人权的道德基础和逻辑前提，以牺牲学生自尊为代价的教学，是不可容忍的。只有禁止任何形式的教育歧视，才能促进和实现学生在教育上的机会平等和待遇平等。通过用颜色给学生贴标签的手段来评价学生学习能力、智力状况，甚至据此对学生未来发展进行定位，都是违反教育规律和学生身心成长规律的错误做法。正确的教育评价应该是教师发现、发掘每个学生的闪光点，而不是用一个固定的标尺去衡量学生好与坏；教育中最有效的激励机制是让每个学生都受到鼓励并且满足学生的内在诉求，因材施教是最有效的教学。教育的作用应该是帮助每个孩子发现优势。此外，实质意义上的教育平等是以承认合理差别为前提，追求事实上均等，即教育结果平等。在学生教育平等权的实现过程中，遵循相同情况同等对待、不同情况差别对待的原则，前者要求：若无充分理由允许差别对待，则要求同等对待；后者要求：若有充分理由要求差别对待，则要求差别对待。[①] 因此，在中学教育现实中，教师的教育行为首先要尊重中学生的人格尊严，这是一切教育行为的前提，然后在促进教育结果公平的基础上，可以进行差异对待、分层教学。

著名教育家苏霍姆林斯基曾告诫我们："要像对待荷叶上的露珠一样，小心翼翼地保护学生幼小的心灵。晶莹透亮的露珠是美丽可爱的，却又是

---

① 温辉，阮丹生．论未成年人受教育权的平等保障．预防青少年犯罪研究，2012（10）

十分脆弱的。一不小心露珠滚落，就会破碎，不复存在。"①

针对红校服事件、三色作业本、测智商事件等教育歧视事件，部分教育专家表达了其看法。中国教育科学院研究员储朝晖认为，教育的本质是塑造受教育者的健全人格，而此类事件说明一些学校在教育理念方面存在误区，忽视了未成年人的权利，损害了一些学生的人格尊严。教育歧视事件连发，反映了学校教育存在"分数压倒一切"的价值导向。教育工作者应根据学生的先天禀性因材施教，践行"立足点平等，出头处自由"，让每一个学生的潜能得以充分发挥。中国青少年研究中心副主任孙云晓表示，这些学校对学生的教育评价失之偏颇，我们要摒弃用学习成绩这个唯一标尺来区分"好学生""差学生"的理念，倡导学生德智体美全面发展，"教育工作者应当树立'有教无类''人皆可成才'的教育理念。只有回归教育宗旨，重视对学生德智体美诸方面的综合评价，抛弃'唯分数论'的错误导向，才能避免'红校服''测智商'这种荒唐事件的再次发生。"华东师范大学教育科学学院教授刘良华认为，教育的使命在于塑造健全的人格和优良品行，让每个孩子感受到平等、尊重与快乐是教育的根本宗旨，让学生健康、快乐地掌握学习的方法、思考的逻辑、分析的本领，比单纯的分数更加重要。②

（4）从心理学的角度来看，教育歧视会伤害学生的心灵，应予以禁止，因材施教才会有利于学生的健康成长

心理学认为，当在优待某个个体时，就会在某种程度上证明其他个体不够好。这种不良影响，虽然细微，但会日积月累，这对成长中的学生而言，非常不健康。适当的关注、鼓励能够让学生充满信心和动力，而长期的忽视则会形成自卑、消极的心理，最终造成好的更好、差的更差的两极分化现象。正处于人格成长发展阶段的中学生，不应该被贴上好学生和差学生的标签。被贴上坏标签的学生在经历多次失败后，会形成习得性无助（指人在最初的某个情境中获得无助感，那么在以后的情境中仍不能从这种关系中摆脱出来，从而将无助感扩散到生活中的各个领域），越来越自卑，从而接受现状、失去进取心，或做出一些极端的举措。因此，教育歧视会

---

① 张小卡．绿领巾是变相的教育歧视．教育科学论坛，2012(1)

② 香颂．教育视点：教育歧视事件年发 学生人格谁来维护．中国网·教育中国，2011-11-03

深深地伤害学生的心灵，应予以禁止。

## 案例：高中生课堂上持刀杀死老师[①]

2008年10月4日，某市二中高一学生在课堂上持刀将刚参加工作不久的班主任杀害。这个自称是"倒数第一、差生、坏学生，一块臭肉坏了一锅汤"，认为"我的人生毁在了老师手上"的16岁的高一学生，最终选择了"杀老师"这样的极端举动，亲手把自己的人生置于了万劫不复的深渊。在这位学生的日记上，他写道："我已经对生活失去了信心，我活着像一个死人，世界是黑暗的，我只是一个毫不起眼的'细胞'"；"不光是老师，父母也不尊重我，同学也是，他们歧视我……我也不会去尊重他们，我的心灵渐渐扭曲。我采用了这种最极（端）的方法。我不会去后悔，从我这个想法一出，我就知道了我选择了一条不归路，一条通向死亡的道路，我希望我用这种方式可以唤醒人们对学生的态度，认识到社会、国家老师的混蛋，让教育业可以改变。"

根据"最近发展区"的心理学原理，教学应着眼于学生的最近发展区，为学生提供具有一定难度的内容，发挥学生的潜能，以超越其最近发展区而达到其应然发展的水平。因此，中学教师应根据学生的"最近发展区"的特点，实施针对性教学。为了使学生学有所得，教师可以提出不同层次的要求，充分顾及个体的"最近发展区"，使学生学有所乐，让不同层次的学生在教学过程中都有所收获，从而调动所有学生的学习积极性。教师在布置作业的时候也可进行多层次的要求，避免个别学生交不上作业的局面，使得学生在作业中各有所为。

(5)从伦理学角度来看，公平是教育的基本道德要求

在伦理学上，公平更多地被理解为公正和正义。公平是一项共同道德原则，这一原则赋予具有共同体成员资格的成员得到公平待遇的权利，即受到公平待遇是一项人权，任何人无权否定和侵犯。教育公平是公平正义的价值理念在教育领域中的体现。教师必须尊重学生的这一人权，这也要求教师应该公平对待学生。可以说，公平教育事关教师道德深层的人道取向。

---

① 吴博．山西朔州：高中生课堂上持刀杀死老师．中国新闻网·新闻中心，2008-10-21

进一步，教育公平是一种实质性公平。罗尔斯曾提出了两条广为接受的正义原则：第一，每个人都具有同等的权利，即平等自由原则。第二，在社会和经济的不平等前提下，一方面，对社会中最弱势的群体最为有利，即差异原则；另一方面，在公平的平等机会的条件下，职位与工作向所有人开放，即平等机会原则。这两条原则具有优先次序：第一个原则绝对优先于第二个原则，即在第一个原则未被完全满足时，我们不能跳到第二个原则；而在第二个原则中，平等机会原则又优先于差异原则。①

就中学教育现实而言，中学生的平等受教育权不受侵犯是正义的第一原则，教育歧视首先是不能容忍的；在排除了教育歧视之后，才能差异对待学生，进行分层教学、因材施教。在三色作业本的案例中，教师对不同成绩的学生布置不同的作业、进行分层教学，有利于各层次学生的发展，这是正当的，符合正义的第二原则；教师对不同学生发放不同颜色的作业本，形成了对学生的教育歧视，侵犯了学生的平等受教育权，违背了正义的第一原则，而正义的第一原则优先于第二原则，因此，三色作业本的做法有悖于正义原则，在实质上背离了教育公平的精神，这种做法也是需要改正的。

**法规选读**

### 取缔教育歧视公约②

联合国教育、科学及文化组织大会于一九六○年十一月十四日至十二月十五日在巴黎举行第十一届会议，回顾世界人权宣言确认不歧视原则并宣告人人都有受教育的权利，考虑到教育上的歧视是侵害该宣言里所宣布的各项权利的，考虑到联合国教育、科学及文化组织的宗旨，按照其组织法的规定，为促进各国间的合作，以促进人人的人权都受到普遍尊重，并且教育机会平等，认识到联合国教育、科学及文化组织因此在尊重各国的不同教育制度的同时，不但有义务禁止任何形式的教育歧视，而且有义务

① 安晓敏，邬志辉．教育公平研究：多学科的观点．上海教育科研，2007(10)
② 取缔教育歧视公约．中国儿童教育网．法规文件，http：//www.cnfirst.net/et/fl-wj/005221323.html

促进人人在教育上的机会平等和待遇平等。

第一条

一、为本公约目的，"歧视"一语指基于种族、肤色、性别、语言、宗教、政治或其他见解、国籍或社会出身、经济条件或出生的任何区别、排斥、限制或特惠，其目的或效果为取消或损害教育上的待遇平等，特别是：

（甲）禁止任何人或任何一群人接受任何种类或任何级别的教育；

（乙）限制任何人或任何一群人只能接受低标准的教育；

（丙）对某些人或某群人设立或维持分开的教育制度或学校，但本公约第二条的规定不在此限；

（丁）对任何人或任何一群人加以违反人类尊严的条件。

二、为本公约目的，"教育"一语指一切种类和一切级别的教育，并包括受教育的机会、教育的标准和素质，以及教育的条件在内。

## 三、对策建议

教育公平是目前公认的促进社会公平的"最伟大工具"，实现教育公平是我国中学教育的大势所趋。作为一种教育病理的教育歧视，它既不合理，也不合法。从宏观意义上来看，强调和追求教育公平、避免教育歧视应该是每一位中学教师基本的价值追求；从微观意义上来看，如何在教学中正视教育差异、如何在公平正义原则下做到因材施教、进行分层教学等则是每一位中学教师必须思考、慎重对待的实践性问题。

1. 树立正确的民主教育观，建立新型民主平等的师生关系

教育歧视是建立在教育偏见基础之上的不平等看待。教育公平就是要克服各种教育偏见，客观、公正地对待学生。对中学教师而言，教育观和学生观都会直接影响到师生关系的形成，教师过于功利、世俗、专制的教育观往往容易导致教育歧视的发生，而教师基于正义原则基础上的教育观则有助于形成民主平等的师生关系，真正实现教育公平。

（1）树立科学的学生观，克服认知偏见，平等关爱学生

科学的学生观是实现教育公平的一个根本前提。在中学阶段，科学的学生观主要体现在：中学生是发展中的人；中学生是独特的人；中学生是教育活动的主体。中学语境下的教育公平是对中学生的公平，这要求教师

对待所有学生都一视同仁，不能因为学生的学习成绩、家庭背景等对学生有所歧视。中学生是一个处于迅速发展中的教育主体，充满了无限的发展可能性。陶行知曾经说过："你的教鞭下有瓦特，你的冷眼里有牛顿，你的讥笑中有爱迪生。你别忙着把他们赶跑。"这就告诫教师们，要克服教育中的各种认知偏见，不要对学生有偏见，要平等关爱学生，避免对学生进行侮辱和歧视。每个学生都是独特的个体，蕴藏着无尽的发展潜力，即使学生在某个方面不好，也许在另一个领域中他可以做得很好，因为现在表现还不够好的学生，可能是以后的牛顿和爱因斯坦。教师要接受学生的弱点，悦纳学生，更要善待教育处境不利的学生。庆幸的是在冷眼、讥笑、鞭笞之中，出了一个牛顿、一个爱因斯坦、一个爱迪生，但令人痛惜的是又不知埋没和扼杀了多少个牛顿、爱因斯坦和爱迪生。教师要时刻提醒自己用理性的态度平等对待所有学生，建立新型民主平等的师生关系，处处想学生之所想，尽力帮学生之所难，促进所有学生顺利从"最近发展区"向更高发展水平跃升。

(2)实施素质教育，改变单一成绩评价标准，树立学生多元发展观

在中学教育过程中，备受教育歧视的学生主要是成绩较差的学生。在应试教育的不良导向下，评价中学优劣完全以中考、高考升学率的高低为标准，评价教师的绩效以学生的成绩好坏为标准，评价学生也主要是看其得分的高低。这种背景下，中学教师也往往以成绩论英雄，高分的学生受到教师百般的呵护、表扬，并得到足够的锻炼机会和充分的教育资源；而成绩较差的所谓"后进生"，教师对他们不闻不问、漠不关心。

心理学中的多元智能理论认为，人类至少拥有8种以上的智能：即语言、数学逻辑、音乐、身体运动、空间、人际、自我认识等。即使是同一种智能，其表现形式也是不一样的，如果调动这些多种多样的智能共同起作用，就能造就在学习、工作或生活各方面成功的人。教师应当关注的不是哪一个学生更聪明，而是一个学生在哪些方面更聪明。每个中学生都有自己的优势智能领域，人人都是可育之材。从这个意义上讲，学生本来无所谓"先进""后进"，有的只是僵化的评价标准。把某些学生称之为"后进生"，从整体上看，并没有发现他们的优势智能领域，是教育不平等的表现，实质上是一种教育歧视。中学生的思维方式、人生观、价值观正在形成当中，依据单一的标准，把学习成绩当作学习的全部内容，把一定时期

内的成绩表现看作人生的终极评价，以致根本体验不到成长的快乐，过分强调"样样都好"，无异于让人削足适履。求全责备必然导致求同伐异，扭长补短。"后进生""差生"这样的称呼，应该取消。教师应该树立学生多元发展的理念，实施素质教育，放弃以成绩评价学生的单一标准，大力促进学生在其优势智能领域得到发展，发展才是硬道理。

2. 教师要提高职业素养与专业能力，优化教学策略

中学生的学习成绩在很大程度上并不取决于中学生的智力因素，而往往取决于一些非智力因素，包括教师的职业素养、教学艺术和人格魅力等。教师歧视学生、只能提高部分学生的成绩、不能够促进所有学生的发展，说明教师在教育能力、教学态度乃至道德修养方面都存在重大缺陷。因此，提高教师的职业素养与专业能力，在客观上能够有效地推进教育公平，帮助教师自觉地克服教育歧视。

（1）提升教师专业能力，促进学生个性化发展

教师在学校中的举手投足都会发挥着教育效力，对敏感的中学生产生着暗示和影响，许多教育歧视行为并非出于教师的主观故意，而是与其能力有关。许多教师也想要实施因材施教，但由于缺少相应的教育方式方法，心有余而力不足，只能关注部分学生，从而导致教育歧视的发生。就这一角度而言，专业的教师和非专业的教师的区别在于：一个专业的教师有能力选择适宜的教学行为，并能使自己的教学行为对学生的心智发展产生激励和促进作用；一个缺乏专业能力的教师则常常在语言、态度和行为上对学生产生着歧视与伤害而不自知。因此，要成为优秀的中学教师，增强教育工作的自觉性，就必须努力地学习教育学、心理学、教学法等方面的知识，掌握教育教学工作的基本规律和基本方法，了解和研究学生的所思所想、所需所求，选择和运用恰当的教育教学原则和方法组织教学，并在此基础上形成自己的教学艺术和教育机智，切实推进全体学生的发展。以个别教育、因材施教为例，教师要做好以下三方面工作：其一，促进学生个人的全面发展。教师要了解每一个学生，帮助学生正确评价自己，引导学生扬长避短，互相学习，共同进步；其二，做好学生的思想转变工作。针对学生的个性特点，关注学生的"最近发展区"，进行创造性的转化工作；其三，做好偶发事件的个别教育。教师遇事要冷静沉着，在弄清事实真相、认真研究后才做出处理，避免受主观偏见影响而对学生做出不公正的决定，

教师要引导学生认识错误、改过自新，而不急于批评学生、给学生"贴标签"。总之，当代中学不再需要只具有一定专业知识、专注学生成绩的教书匠式的教师，而需要既有专业知识、又有教育能力、能促进学生个性发展的教育家式的教师。

（2）改善课堂结构，优化教学策略

中学大多采取的是传统的班级授课制，以教师的教学为中心，这种一对多的教育交流方式不可避免地会产生教育的不公平，教师难以保证每一个学生拥有相等时间的关注，坐在前排中间的学生受教师关注的机会与时间往往会更多些。因此，为避免这种座位歧视、课堂提问歧视，教师可以实行小班化教学；若无条件实行小班化教学，也可实行班级座位轮换制度，人人都有处于关注焦点的机会；此外，可以改善课堂结构，灵活多样地安排课桌椅，组织多类型的教育活动，保证学生在教室中按照实际需要教学内部组合。总之，尽量给师生提供足够的平台，尽可能多地让师生普遍交流，争取让每一个学生都参与到课堂文化的建设中来。这种基于教育公平的课堂教学既是民主的，也会是高效的。

3. 尊重学生的差异性，实现课堂教学公平

在中学课堂教学中，公平意味着对学生作为独特生命存在的人格的平等尊重和人性尊严的维护，平等而无歧视地对待所有的学生。每一个学生都是个性化的生命个体，每一个学生都是课堂教学中的一个独特存在。因此，中学教学应该扎根于学生的独特个性，中学教师要在尊重学生的差异性的基础上，促进其在德智体美等各方面在原有基础上得到充分发展。

（1）尊重学生的差异性，实施因材施教，消除课堂教学歧视

尊重学生的差异性，是促进学生个体生命成长的根本前提，也是实现课堂教学公平的必然要求。在一定意义上，所谓公平，就是善待差异。尊重学生的差异性，包括尊重学生的性别差异、文化差异、性格差异等。为切实消除课堂教学中的教育歧视，教师就要具有良好的性别公平意识，用心关爱每一位学生，构建无性别偏见的、充满爱的课堂；教师要对来自不同阶层、不同民族、不同地域的学生一视同仁，平等对待每一位学生，充分挖掘学生各自的特长；教师要从多元智能的视角出发，重视学生"个性化"的学习，即尊重学生自己的经验、兴趣和智能倾向，而不以某一种智能的模式来强求一律。

美国教育家帕克说:"一所学校,只有当它不仅对学生个人来说是最好的,而且对全体学生来说也是最好的,这所学校才称得上是符合公民的标准,这样对学生才是公平的。"①

教师应该从学生的差异性出发来进行因材施教,包容、善待并优化所有学生的个别差异,使教育与智能的多元性相互配合,启发学生最大的潜能,以使每个人获得个性化的最大限度的发展。教师要用积极乐观的态度,肯定、欣赏每个学生独特的智能特点,给他们提供适合个性发展的良好空间。为此,在中学课堂教学中,教师应当根据学生的实际情况,公平、合理地分配课堂时空资源;根据不同学生的认知水平、学习能力,有的放矢地进行针对性的教学;教师可以通过富有个性化的教学设计,唤醒学生的挑战意识,培养学生的自我效能感,让学生感受到每一次学习的机会对自己都是均等的,课堂因自己而公平存在着;教师还可以根据每一位学生的智能特点设计个别化的教育方案,如组织形式多样化的活动、布置富有挑战性的作业、带领学生进行实践探究性的学习等,促进学生多元智能的发展,为学生迈向成功奠定坚实的基础。

### 🔍 他山之石

## 课堂教学检核表②

| 传统课堂 | 差异课堂 |
| --- | --- |
| 按课程内容讲课是我首要任务,也是指导我教学的要则 | 我依据学生的学习需要和课程内容来讲课 |
| 所有学生的学习目标都是一样且不变的 | 根据学生的需要调整他们的学习目标 |
| 学生使用相同的学习资源(书、文章、网站) | 我根据学生的学习需要和能力,为他们选择不同的信息资源 |
| 我主要采用集体教学 | 我采用几种教学方式(比如,集体教学、小组教学、伙伴教学、个别教学) |

---

① 陈时见,彭泽平. 教育公平. 北京:高等教育出版社,2012:73
② [美]荷克丝. 差异教学:帮助每一个学生获得成功. 杨希洁译. 北京:中国轻工业出版社,2004:34~35

| 传统课堂 | 差异课堂 |
|---|---|
| 我倾向于异质性分组 | 在适当的时候，我根据学生的学习需要对学生进行分组 |
| 所有的学生按相同的速度学习课程，进度相同 | 根据学生的学习需要，对不同学生采取不同的教学进度 |
| 所有的学生都要完成相同的学习活动 | 根据学生的兴趣，我适当地提供机会给他们，让他们选择学习活动 |
| 我每天都采用相同的教学策略 | 我采用多样化的教学策略（比如，演讲、动手操作、角色扮演、模拟、阅读等） |
| 所有的学生都要完成所有的学习任务 | 根据自身需要或学习偏好，学生完成不同的学习任务 |
| 所有的学生都要参与所有的教学活动 | 在合适的时候，我采用不同的方式来考核教学成果，并采取密集（加速、删除、替代）方法进行教学 |

（2）遵循教学公平四原则，实行分层教学

实现课堂教学公平，要遵循以下四原则：其一，差别平等原则，即绝对原则，它要求教师在教学中尊重学生的身心发展差异、人格、意志和自由，无歧视地对待每一个学生；其二，平等差异原则，即差异原则，它要求教师在平等对待学生的基础上，在教学活动中注意平等中的差异对待，满足学生不同学习习惯、学习方式等特殊要求；其三，补偿原则，它要求教师在教学中对处境不利的学生予以更多特殊的关照，以补偿促发展；其四，终极性原则，学生的发展才是最终的目标。这四个原则具有层次性，每一层次的实现应是依序进行的，前一原则的满足是后一原则满足的基础，后一原则是前一原则的继续与补充。从教学公平的这四原则可以看出，公平不等于绝对的平均，真正的教学公平必须以承认个体差异为前提条件，同时又要在教学中充分体现这种差异。在班级授课制下，课堂要求的一致性与学生个体的差异性始终是一对难解的矛盾。为解决这个矛盾，其中一个有效的课堂组织形式就是对学生实施分层教学。

所谓分层教学，就是教师充分考虑学生间存在的差异，把教学内容划分不同层次，并以此为基础制定不同的教学目标，有针对性地对不同学生的学习加以不同的辅导，使每个学生在各自的"最近发展区"得到最充分、自由、和谐的发展，全面提高全体学生的素质。其具体的做法如下：其一，教师要对学生进行分层。教师要依据学生的个性特点、学习习惯、智能优势、性别等，对学生进行科学分层，并据此将学生分成若干学习小组，进行合作学习，共同完成教师所布置的任务，相互帮助，共同成长；其二，教师要对教学内容进行分层。教师在教学内容安排上要体现出层次性，以中等水平的学生为标准，同时兼顾水平较高和较低的学生，创设出适合不同类型、特征学生水平的教学流程；其三，课堂练习和课后作业的设置上也要体现出层次性，如设置必做题、选做题、拔高题等，让学生根据教学内容要求、个人的能力以及本人将来的发展方向进行适当选择；其四，课堂评价标准要有一定的弹性，体现出分层教学的要求和不同层次学生的现实需要。教师在评价学生时应根据他们的努力程度、进步情况进行发展性的评价。这就要求教师不仅要认真钻研教材和课程标准，把握教学中各知识点的深浅度，找准重点、难点，而且还要了解、分析学生的实际知识水平，客观分析学生层次，精心安排教学环节，正确地把握各类学生的教学要求，激发各个层次学生学习的积极性。

## 🔍 他山之石

### 北京一五六中学关于积极推进分层教学的措施①

1. 所有教师备课、讲课都要以中上等学生为基准，讲深讲透应知应会的基础知识。与此同时，要辅之以较高档次的内容，使学习较好的同学有提高的余地。要特别注意对学习较差的同学进行基础知识的强化，使这些同学有所收获、切勿让这些同学掉队，切勿使他们的问题成堆，造成积重难返的局面。

2. 作业、练习应分出层次，并明确告之学生，哪些内容是全体学生必须掌握的，哪些内容是学习较好同学应该掌握的，哪些内容是学习较差学生必须掌握的，哪些题目可由同学选做。

3. 教研组长要高度重视、准确了解本组教师分层教学的情况，要带领本组成员认真学习和研究课标准、教学大纲、考纲，研究中、高考命题特

---

① 关于积极推进分层教学的措施. 北京第一五六中学官网·规章制度，http：//bj156. xchedu. cn/规章制度/教学措施．htm

点，将知识分为不同层次，建立针对不同层次学生的题库。明确应知应会的基础知识和提高拓展性知识，在不同层次的学生加以落实。

4. 备课组集体备课时，要确定章节中不同层次、不同目标要求，商定相应的教法。要分工负责，编出至少两套练习题，与应知应会基础知识和提高拓展知识相匹配。各层次练习题要分类收存，分章节、按学期系统化、完整化，并不断调整、更新，完善，使其成为对不同层次学生进行只是训练的依据，并为升学考试奠定基础。

5. 学校教研室全体干部要加强对分层教学的指导，深入备课组及教研组，了解分层教学的实施情况，及时推广措施得力、效果显著的先进经验，以推动分层教学落在实处，取得实效。

# 专题五　强化责任，保护学生生命安全

## 一、典型案例

### 案例一：雅安地震灾区教师：生死攸关他们把学生放心头①

2013 年 4 月 20 日，四川省雅安市芦山县发生 7.0 级地震，灾区广大教师把学生的生命安全放在首位，用自己的血肉之躯拼死保护学生，迅速组织学生在第一时间安全疏散。他们用生命和热血诠释了教师的爱心、责任与德行，在人们心中矗立起了人民教师的崇高形象。地动山摇之时，芦山县国张中学教师田霞用身体为学生疏通生命的通道，芦山一中教师洋从军顾不上病中的父亲和女儿返回学校，宜宾第六中学教师高华镇定地引导学生全部安全疏散后，才最后一个离开教室……

### 案例二：老师地震时抛下学生　称挑战中国传统道德观②

2008 年 5 月 12 日，汶川大地震。某中学语文老师范某在地震发生时不顾自己的学生安危而先行逃生。5 月 22 日，范某在天涯论坛写下了《那一刻地动山摇——"5·12"汶川地震亲历记》一文，并发表言论称"在这种生死抉择的瞬间，只有为了我的女儿我才可能考虑牺牲自我，其他的人，哪怕是我的母亲，在这种情况下我也不会管的。"范某这种地震了老师先跑的行为及其地震后的"表白"在网络上掀起轩然大波，范某受到全国网民的唾骂，并被称为"范跑跑"。事后，范某公开道歉，并被停职。

---

① 李益众，刘磊．雅安地震灾区教师：生死攸关他们把学生放心头．中国教育报，2013-04-22

② 雷闯，张婷婷．老师地震时抛下学生 称挑战中国传统道德观．新浪网·新闻中心，2008-05-31

### 案例三：陆荣飞：空手斗歹徒　热血铸师魂①

2012 年 5 月 31 日，安徽省灵璧县黄湾中学教师陆荣飞在校门口看见路边有人手持砍刀、铁棍等凶器将放学准备回家的几个学生团团围住。面对危险，陆某勇敢地冲了上去，将几个学生紧紧护在自己身后。等学生陆续散去后，陆某才转身继续往回家方向走，结果受到歹徒的刀砍。他空手斗歹徒，死死抓住其中一名歹徒，并将其扭送到了派出所。在徐州仁慈医院，正在接受治疗的陆某平静地对记者说："保护学生是老师应该做的，没什么了不起的。学生就是老师的孩子，有谁能看着孩子受到伤害而坐视不管呢？"

---

① 俞路石．陆荣飞：空手斗歹徒　热血铸师魂．中国教育报，2012-06-15

## 二、案例评析

### ≫ 什么是教师的责任

责任是指由一个人的资格（包括作为人的资格和作为角色的资格）所赋予，并与此相适应地从事某些活动、完成某些任务以及承担相应后果的法律和道德要求。教育与社会其他活动领域相比，在伦理前提上，更加突出地强调做人做事的责任感、责任意识和责任行为。

教师的教育责任指的是教师在教育活动中应当践履的行为和对行为后果的承担。一般来说，教师的教育责任包括教师依法应尽的责任和道义上应尽的责任，是教师基于角色应当承担的法定义务、职业责任和道德义务的统一。《中华人民共和国教育法》和《中华人民共和国教师法》都明确规定，我国教师应当履行的基本责任包括：遵纪守法义务；教育教学义务；政治思想品德教育义务；尊重学生人格义务；保护学生权益义务和提高自身思想业务水平的义务。

教师的核心责任是促进学生身心素质的发展。这包含两层涵义：无伤害和发展。维护学生的安全、使学生不受伤害是教师的基本责任。教师对未成年学生在校时进行监管，对学生的生命安全负有一定的监护责任。由于我国教育法律法规对教师监护责任规定得较为宽泛，教师要想做出负责任的教育决定，自身的伦理道德水准和教育良知就显得至关重要。

在教育现实中，人们常常存在一种认识误区，认为教师是学生的监护人，只要学生在学校发生任何安全事故，教师或学校就必须承担一切责任。这种认识是片面的。《学校伤害事故处理办法》中明确提出："学校对未成年学生不承担监护职责。""学校或教师所承担的责任只能是一种基于自己的侵权行为而产生的过错责任。"①判定教师或学校责任的关键是对"过错责任"的认定。如果教师未履行教育管理责任，造成学生人身伤害，教师应当承担主要责任或全部责任；教师虽然履行了教育管理责任，但是教育不当、管理不力，能够阻止而未阻止伤害的发生，应视具体情况由教师承担部分责任。

就中学而言，判断中学教师对中学生安全事故有无"过错责任"，主要从教师是否采取了严密的教育、管理与保护措施来考虑。教师需要承担过错责任的情况主要包括以下几种类型：其一，体育课、实验课、劳动课等过程中教师违反教学大纲要求、实验操作规程、指导不当或没有落实安全保护措施而给学生造成人身损害；其二，教师玩忽职守致使校舍及设施倒塌造成学生人身伤害的；其三，正常的教学时间内，教师擅离工作岗位造成学生人身损害；其四，在课间和课外活动中，教师没有履行教育管理责任造成学生人身损害。

### 案例：因教师失职导致学生伤害事故

2006年11月18日晚8时30分许，某中学初一年级学生在上完晚自习下楼时，因拥挤造成踩踏伤亡事件，致6人死亡，90余人受伤。事件发生时，带班老师集中在办公室批改期中考试试卷。②

2009年12月7日晚9点10分，某中学学生下晚自习。学生们在下楼梯过程中，因避雨而有较多的学生涌向离学生宿舍较近的一个楼梯，因一

① 劳凯声. 中小学学生伤害事故及责任归结问题研究. 北京师范大学学报（社会科学版），2004（2）

② 杨铁虎. 江西都昌土塘中学学生发生拥挤踩踏事故. 人民网·教育新闻，2006-11-19

名学生跌倒，引发拥挤踩踏事故，造成 8 名学生死亡，26 人受伤。当时事件的发生就是由于学校梳于管理，每层楼道内只有一盏昏暗的灯光，水磨石楼梯没有防滑设施，也没有安装应急灯与警示标志，50 多个班，3600 个学生同时下课，全部涌到面积只有 3～5 平方米的回形楼梯，于是，悲剧发生了。事后，该市教育局局长被免职，中学校长和学校纪律干事被行政拘留。①

当前有些中学在学生安全问题上往往行为失度，要么管理不足、漏洞百出，要么管理过度、禁锢了学生的发展。为了避免中学生安全事故的发生，许多中学实行封闭式、防范性的消极管理措施，并鼓吹"军事化""全封闭式"管理：严格限制学生在校时间，不到上课时间不开放校门，一放学就把学生全部轰走；不再组织春游、踏青、登山、参观、夏令营、社会实践等校外活动；体育课日趋"温柔"，取消单双杠、跳马、对抗性竞技比赛等风险较高的教学项目，不再组织耐久跑和传统的冬季长跑，甚至连正常的篮球、足球这类稍有风险的体育运动也不再组织教学、比赛；某些中学甚至患上了"安全忧虑症""事故恐惧症"，频频使用各种奇门招术，如为防止学生相互追逐引发身体碰撞，规定学生在课休时间只能"走"不能"跑"，使学生丧失了对体育活动的兴趣，不利于青少年的健康成长。实际上，学生安全固然重于泰山，但学生身心素质的发展同样重要，对学生实施体育运动、实践教学，提升学生身心素质，是教师应尽之责，不容逃避，更不能因噎废食。

2013 年 3 月，正是初三学生备战体育中考冲刺期，某市不少学校在加强训练之余，也做足了"安全保障功课"，连跑步跳绳都要签安全责任书。在部分家长眼里，校方的做法有些紧张过度。②

### ≫ 常见的校园安全事故类型

在涉及中学生生命安全的人身伤害事故中，安全事故的发生率最高，

① 章仙踪，李伦娥. 湘乡市育才中学发生学生踩踏事件 教育局长被免职. 中国教育报，2009-12-09

② 王亮. 跑步也要签安全责任书？. 中国教育报. 2013-03-22

其次是学校暴力伤害。在发生于校园内的中学生人身安全事故中，主要有以下类型：其一，学校建筑或设备问题导致的人身伤害事故；其二，校园暴力导致的人身伤害事故，包括体罚、变相体罚而导致学生伤害事故以及学生间暴力伤害事故；其三，性侵害事故；其四，食物中毒；其五，学生自杀自残伤害事故；其六，校内交通安全所引发的安全事故；其七，不可抗力所导致的学生人身伤害，包括地震、台风、洪水等自然现象等导致的校内学生人身伤害；其八，其他意外事故，包括摔伤、烫伤、体育运动导致的伤害事故等。

### 小贴士

#### 2006 年全国中小学安全事故总体形势分析报告①

2007 年 3 月，教育部首次发布全国中小学安全形势分析报告。据统计，2006 年各地上报的各类中小学校园安全事故中，事故灾难（溺水、交通、踩踏、一氧化碳中毒、房屋倒塌、意外事故）占 59％；社会安全事故（斗殴、校园伤害、自杀、住宅火灾）占 31％；自然灾害（洪水、龙卷风、地震、冰雹、暴雨、塌方）占 10％。其中，溺水占 31.25％；交通事故占 19.64％；斗殴占 10.71％；校园伤害占 14.29％；中毒占 2.68％；学生踩踏事故占 1.79％；自杀占 5.36％；房屋倒塌占 0.89％；自然灾害占 9.82％；其他意外事故占 3.57％。

从整体上看，61.61％发生在校外，其中以溺水和交通事故为主，两类事故占全年各类事故总数的 50.89％，造成的学生死亡人数超过了全年事故死亡总人数的 60％。从地域上来看，27.68％的安全事故发生在城市，72.32％的事故发生在农村，农村中小学安全事故发生数、死亡数和受伤数都明显高于城市。

2006 年全国各地上报的各类中小学校园安全事故中，43.75％发生在小学；34.82％发生在初中；9.82％发生在高中。2006 年，25％的安全事故发生在学校内部，主要是校园伤害和学生斗殴，其中校园伤害占 56％，主要包括绑架、爆炸、持刀伤害、放火、性侵犯等安全事故。

---

① 2006 年全国中小学安全事故总体形势分析报告．人民网·教育新闻，2007-03-22

2006 年全国各地上报的各类安全事故中，10％是因自然灾害等客观原因导致事故发生；90％属其他各类安全责任事故，造成的学生死亡人数占全年学生死亡总数的 89.16％，其中，45％的事故因学生安全意识淡薄而发生；18％的事故因学校管理问题而发生；27％的事故由于社会交通、治安等原因发生。

事实上，许多中学校园安全事故是可控、可防的。只要中学教师加强自身的责任意识，时刻关注中学生生命安全，提高学生的自我保护能力，许多中学生人身伤害事故都是可以避免的。对于中学教师而言，提高责任意识，就是在履行教育法律规定的六大基本义务的基础上，切实地担负起对中学生教育、管理、保护的职责，兼顾中学生的发展与安全，使得中学生全面、健康成长。

### ≫ 为什么有些中学教师会缺乏责任意识

部分中学教师缺乏责任意识的原因是多方面的，既有社会不良风气的影响的因素，也有教师个体因素。就教育内部因素而言，主要有三方面的原因：其一，目前教育法律法规尚不健全，对教师责任多为宏观的规定，缺乏可具操作性的指导细则，从而使得教师难以明确自己在多样化的教育教学活动中的恰当责任行为，因此，教师本着"多一事不如少一事"的原则，往往放任不管，以免引火上身。其二，中学教育教学评价体系存在偏向，多以学生成绩、中考高考分数为主来对教师的教育工作进行测评，这使得教师往往更关注学生的成绩，而对于中学生的生命安全教育、心理发展需要等与考试无直接关系的事务则予以忽视。其三，部分中学教师个人教育素养不高，只把教师职业当作一个饭碗而非当作一份事业来对待，对教育缺乏足够热情，对学生不够关爱，这是教师缺乏责任意识的根本原因。

### ◢ 小贴士

#### 全国中小学生安全教育日①

自 1996 年起，中国确定每年 3 月最后一个星期一是全国中小学生"安

---

① 全国中小学生安全教育日．易安网·安全专题，http://www.esafety.cn/zt/quanguozhongxiaoxue

全教育日"。设立这一制度是为全面深入地推动中小学生安全教育工作，大力降低各类伤亡事故的发生率，切实做好中小学生的安全保护工作，促进他们健康成长。全国中小学生"安全教育日"每年确定一个主题，自 1996 年起，"安全教育日"主题分别是：

1996 年："全社会动员起来，人人关心中小学校安全工作"；

1997 年："交通安全教育"；

1998 年："注重防范，自救互救，确保平安"；

1999 年："消防安全教育"；

2000 年："保证中小学生集体饮食安全，预防药物不良反应"；

2001 年："校园安全"；

2002 年："关注学生饮食卫生，保障青少年健康"；

2003 年："大力提高中小学生及幼儿的自我保护意识和能力"；

2004 年："预防校园侵害，提高青少年儿童自我保护能力"；

2005 年："增加交通安全知识，提高自我保护能力"；

2006 年："珍爱生命，安全第一"；

2007 年："强化安全管理，共建和谐校园"；

2008 年："迎人文奥运，建和谐校园"；

2009 年："加强防灾减灾，创建和谐校园"；

2010 年："加强疏散演练，确保学生平安"；

2011 年："强化安全意识，提高避险能力"；

2012 年："普及安全知识，提高避险能力"；

2013 年："普及安全知识，确保生命安全"。

### ≫ 缺乏责任意识，会造带来哪些危害

教师的教育责任包括教师依法应尽的责任和道义上应尽的责任，教师的法定责任比较明确，但教师的道义责任则比较模糊。因此，这就更需要教师发挥自身的职业道德，自觉提升自己的责任意识。教师有了责任意识，教育工作就能减少风险；缺乏责任意识，教育的岗位容易出现"险情"。责任意识强，再大的困难也可以克服；责任意识差，很小的问题也可能酿成大祸。

中学教师责任意识淡薄，首先会危及学生的生命安全，本来很小的问

题也可能酿成大祸。大到教学楼的维护，小到教室中多出来的一颗钉子，都有可能危及中学生的生命安全。中学生是未成年人，天性好动、喜欢冒险、热衷于游戏玩耍、对新鲜事物抱有强烈的好奇心，但与此同时中学生身心方面的发展还未成熟，往往缺乏自我保护的知识和能力，对安全事故的认知水平、防范意识、反应能力和应变技巧等还存在着相当的局限性。因此，中学生在校园生活中容易出现各种安全事故，导致生命损失惨重；由伤害导致的残疾、死亡，对学生及其家庭造成的精神创伤，难以用金钱估量。而教师如果有足够的责任意识，许多安全事故都是可以避免的。在案例二中，在突发灾难面前，成人保护未成年人的安全本应是人之常情，而教师范某全然不顾学生的生命安全、"地震先跑"的行为，充分暴露了该教师缺乏基本的责任意识，其行为显然有违教师的基本职业道德，理应受到全社会的道德谴责。

中学教师缺乏足够的责任意识，容易使教育工作流于教书层面，而难以达到育人的效果，教育效果低下。当中学教师没有足够的责任意识时，将教师职业当作一种谋生的手段，只能完成基本的教学任务，只关心学生的学习成绩，师生沦为一种表面的教与学的关系，最终也不利于形成良好的师生关系。学生觉得自己没有得到教师的关心，学习也就没有动力，学习效果不好；如果教师没有很好地进行生命教育，没有正确引导中学生恰当处理自己的青春期的冲动，那么中学生容易将同学间、师生间的生活琐事演变为人身的攻击或伤害，酿成校园暴力事件，这更不利于校园人际关系的和谐。事实上，在教师的育人活动中，身教胜于言教。如果中学教师都像案例二中的"范跑跑"那样，灾难面前跑得比谁都快，不仅使平时所有的言教显得十分苍白，而且也极大地亵渎了师德，是对学生心灵的巨大打击和摧残，"范跑跑"事件的后遗症不可低估。

## ≫ 多视角解读强化责任，保护学生生命安全

保护学生安全不仅是教师的一种道德义务，更是一种法律义务。保护中学生生命安全，是中学教师的天职；提高保护学生安全的责任意识，是中学教师职业伦理的内在要求。

(1)从教育法律法规的视角来看，保护中学生生命安全是中学教师的法定义务

《中华人民共和国未成年人保护法》第二十二条规定："建立安全制度，

加强对未成年人的安全教育，采取措施保障未成年人的人身安全。"

《中华人民共和国义务教育法》第二十四条规定："学校应当建立、健全安全制度和应急机制，对学生进行安全教育，加强管理。"

《中华人民共和国教师法》第八条规定："制止有害于学生的行为或者其他侵犯学生合法权益的行为。"

《中华人民共和国侵权责任法》第三十九条规定："限制民事行为能力人在学校或者其他教育机构学习、生活期间受到人身损害，学校或者其他教育机构未尽到教育、管理职责的，应当承担责任。"

《学生伤害事故处理办法》第七条："学校对未成年学生不承担监护职责，但法律有规定的或者学校依法接受委托承担相应监护职责的情形除外。"

《中小学教师违反职业道德行为处理办法(试行)》第四条规定："在教育教学活动中遇突发事件时，不履行保护学生人身安全职责的"，"视情节轻重分别给予相应处分。"

从以上法律法规可以看出，教师与学生之间的法律关系的性质，不是民法上的监护关系，而是依据教育法上的教育、管理和保护关系。教师若在学校教育过程中未尽到对学生的教育、管理和保护的义务而造成学生人身安全事故的，那么就应当承担民事责任。不过，要注意的是，学校对在校未成年学生伤害事故不应承担无过错责任或者公平责任，仅应承担过错责任。① 在学校需承担过错责任的在校未成年学生伤害事故中，教师的过错以过失居多，而较少故意(如教师的体罚与变相体罚等)。因此，这就要求教师提高其责任意识，主动防范各种学生安全事故，杜绝因教师的过错而造成对学生的伤害。

在案例二中，教师范某在地震到来之时置自己的学生于不顾而自己先跑的行为有违于教师保护学生生命安全的法定职责；范某其后发表的不负责任的言论，更是表明范某缺乏基本的教师责任意识。因此，依据《中小学教师违反职业道德行为处理办法(试行)》第四条第二款"在教育教学活动中遇突发事件时，不履行保护学生人身安全职责的"，"视情节轻重分别给予相应处分"，学校可以因其严重违反教师职业道德而将其解聘。而与之相

---

① 方益权．论在校未成年学生伤害事故及其法律责任．东岳论丛，2001(3)

反，在案例一中，雅安大地震中将学生的生命安全放在首位、拼死保护学生的其他几位教师则凸显了教师应有的爱心、责任与德行，很好地塑造了以学为本、保护学生的崇高形象，以爱书写了人民教师的伟大师魂，在全社会赢得了高度赞誉。

（2）从教育政策角度来看，保护学生生命安全是中学教师义不容辞的责任

《中小学教师职业道德规范》第三条规定："保护学生安全，关心学生健康，维护学生利益。"

《中学教师专业标准（试行）》中规定："关爱中学生，重视中学生身心健康发展，保护中学生生命安全。"

《学生伤害事故处理办法》第五条规定："学校应当对在校学生进行必要的安全教育和自护自救教育；应当按照规定，建立健全安全制度，采取相应的管理措施，预防和消除教育教学环境中存在的安全隐患；当发生伤害事故时，应当及时采取措施救助受伤害学生。"

《中小学幼儿园安全管理办法》是我国第一部专门关于中小学安全管理的法规性文件，对规范和指导学校安全工作具有重要的现实意义。第三十八条规定："学校应当按照国家课程标准和地方课程设置要求，将安全教育纳入教学内容，对学生开展安全教育，培养学生的安全意识，提高学生的自我防护能力。"第六十二条规定："发生事故后未及时采取适当措施、造成严重后果的"，"教育行政部门应当对学校负责人和其他直接责任人员给予行政处分；构成犯罪的，依法追究刑事责任。"

2007年2月7日，国务院办公厅转发教育部制订的《中小学公共安全教育指导纲要》，将中小学公共安全教育分为预防和应对社会安全、公共卫生、意外伤害、网络、信息安全、自然灾害以及影响学生安全的其他事故或事件等六个模块，纳入中小学教育。《中小学公共安全教育指导纲要》的实施，不仅有利于指导中学开展安全教育，更有利于中学教师有针对性地开展安全教育和学生管理。

总之，《中小学教师职业道德规范》和《中学教师专业标准（试行）》都首次提出了教师要保护学生安全，明确了"保护中学生生命安全"是中学教师应该具备的职业精神，能不能保护学生成为了检验中学教师的一个道德标准。案例二中地震了自行先跑的教师范某显然有违于教师职业道德规范，

其言行确实与中学教师的道德标准有着较大的差距。依据《中小学幼儿园安全管理办法》第六十二条规定，范某没有采取适当措施、没有在第一时间保护学生、带领学生出逃，属于严重失职，如果范某的逃跑行为直接导致了学生伤亡事故，那么可以追究其民事责任、对其进行行政处分；而案例三中空手斗歹徒、主动保护学生的陆荣飞则很好地诠释了始终把学生的生命安全放在首位的中学教师道德形象，他的"保护学生是老师应该做的，没什么了不起的"表白更是直接点出了中学教师所应具备的责任意识。

汶川地震发生时，教师范某撇下学生独自逃生，造成"范跑跑事件"。调查发现，虽然半数受访市民认为，范某逃跑是出于"求生本能"，但38％的人指出这是"师德缺失"的表现。不少市民留言表示，范某此后言论有些欠妥，与全社会倡导的师德要求不符。近六成市民认为教师应"保护学生安全"的要求"不高"，因为这是基本职业精神。

何为最重要的师德？调查表明，排在首位的是"成为学生良师益友，尊重关心学生"，占88％；其次是"对学生一视同仁，公正无私"，占83％；其余依次是"思想开明，身心健康，成为学生成长楷模"（80％）、"教学认真努力，勤于钻研"（73％）、"关键时刻能保护学生安全"（67％）、"衣着打扮、言行举止能为人师表"（52％）等。①

（3）从教育学角度来看，教师立身，责任为重，保护学生生命安全是教师的天职

中国素来对教师有着极高的道德要求，学校被誉为"人类奉献精神的凝聚地"，教师职业有着强烈的无私性、示范性和奉献性。对于学生的人身安全保护，是教师的首要义务和义不容辞的责任。教师在培养、教育学生的时候就经常说要"爱生"，而保护中学生安全正是"爱生"的一个重要表现。况且，中学生大体上都是未成年人，中学老师作为成年人、作为传道授业解惑的心灵导师，保护学生生命安全理所当然地应该成为其职业道德规范之一。在案例一中，在雅安地震中涌现出的那些优秀中学教师们，他们在灾难面前首先想到的是学生，首先保护营救的是自己的学生，一心为了学生安全，"学生生命高于一切"的使命感使得他们成为了人民教师学习的楷模。教师有义务尽己所能地保护学生安全，在"范跑跑事件"的大讨论之后，

①　徐瑞哲．逾九成市民认为：教师理应保护学生．解放日报，2008-06-30

已逐渐成为社会共识。

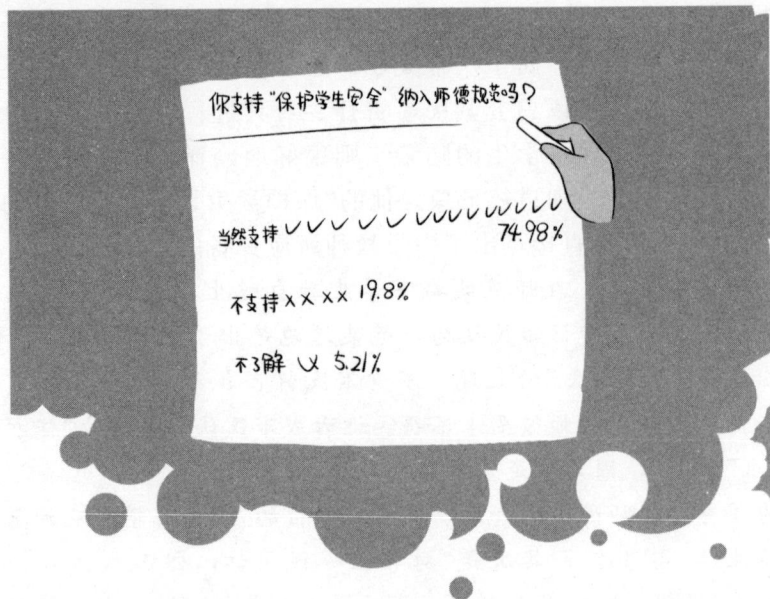

　　教师"保护学生安全"并不是强行要求教师用自己的生命去换取学生的生命安全，而更多的是要求教师践行保护学生的人格尊严和健康权等与生命安全相关的教育责任行为。关怀生命是当代教育的核心价值，教育不仅是教授各种学科知识，也应有生命安全、生命价值的教育，引导学生认识生命、珍惜生命、尊重生命和热爱生命，促进学生的健康成长。因此，中学教师当然要保护中学生生命安全。一名教师，只有尽到对学生的法定责任，才能是好教师；尽到对学生的道德责任，才能是一个优秀的教师。

　　(4)从伦理学角度来看，保护和关爱学生是教师道德的底线

　　法律是道德的底线，道德是法律的升华。富勒在其名著《法律的道德性》中曾将道德区分为"追求的道德"和"义务的道德"。前者主要是指人得到充分实现时的道德，而后者是指人所必需具有的最起码的道德品德。以此划分，"保护学生安全"之于中学教师，当属"义务的道德"无疑。

　　事实上，保护学生安全是一个合格教师的伦理底线，这个行为受到中华民族基本道德规范的约束。教育部将教师"保护学生安全"写进《中小学教师职业道德规范》，正是中华民族团结互助、尊老爱幼、见义勇为等传统美德和价值取向的体现，要求教师"保护学生安全"，符合社会大多数成员的

愿望与期盼，彰显出了社会伦理正义。"范跑跑"之所以一直以来被人们所批评，就是因为范某不顾自己学生生命安全的行为突破了人们的伦理底线，违背了教师职业道德，其宣扬的逃跑有理的言论更是对人们道德观念的挑战。在一个比较宽容的社会，教师可以不一定很崇高，但其言行决不能与伦理相悖，这是基本的底线，决不能被突破。

保护学生安全决不是对教师的道德强迫，而是一种由崇高道德自然引发的具体行为。"保护学生安全"之于教师职业，本该属于一种德性伦理，即以个体的德性为自因的伦理。"当师之务，在于胜理，在于行义。"当一个人接受了教师的职责，他就接受了超越普通公民的德性去寻求高尚的责任。只要对学生充满了关爱之心，教师自然不会对处于危险境地的学生不管不顾，他一定会根据自己的能力去判断自己能做什么、自己该做什么。正如案例一和案例三中那些奋不顾身保护学生的中学教师那样，完全是一瞬间主动的、自发的道德行为。

综上所述，不管是从法律法规的角度，还是从道德规范的角度来看，保护学生安全，都是中学教师义不容辞的责任。学校现实中的学生安全问题是个涉及面广、比较复杂的问题，需要教师提高责任意识、采取有效措施以切实维护学生的生命安全。当然，教师的身心健康和生命安全，也应得到充分尊重和切实保护。

## 三、对策建议

保护学生安全是整个社会对教师应该具备的道德水准的一种基本要求。事实上，保护学生安全，可以理解为"尽己可能地保护学生安全"，指的是教师对于学生安全要在观念上重视、行动上作为、技能上锻炼。

1. 提高教师责任意识，增强应对危机的处理能力

学生安全无小事，教师责任重于泰山。预防和减少中学生安全事故的发生，是中学教师教育教学工作的重中之重。

（1）依法执教，明晰教师责任内容

保护学生安全，说起来很简单，在中学实践当中却是个很复杂的责任行为。在当前法治社会中，对教师责任行为的界定首先要依据法律的相关规定。教师首先要明晰责任内容，包括何时、何地该担负何种责任，何种情况要承担失职责任，何种情况可以免责等。实际上，《中华人民共和国教

师法》《中华人民共和国义务教育法》《中华人民共和国未成年人保护法》等教育法律中已将教师对学生人身安全的保护纳入了法定责任和义务，而教育部制定的《学生伤害事故处理办法》《中小学幼儿园安全管理办法》则明确规定了教师的具体教育责任行为，这在一定程度上缓解了社会与学校、教师教育责任承担的矛盾，起到了明确责任归属的重要作用。教师的责任在于依据教育法律法规开展教育教学活动，履行遵守教育教学常规的义务，谨防因自己的过错行为而导致学生安全事故的发生。因此，中学教师必须树立依法执教的法律意识，熟悉相关的教育法律法规，尽职尽责地完成保护学生安全的法定义务。

## 法规选读

### 中小学公共安全教育指导纲要①

**初中年级公共安全教育的内容重点为：**

模块一：预防和应对社会安全类事故或事件。

(1)增强自律意识，自觉不进入未成年人不宜进入的场所。逐步养成自觉遵守与维护公共场所秩序的习惯。

(2)不参加影响和危害社会安全的活动，形成社会责任意识。

(3)理解社会安全的重要意义，树立正确的人生观和价值观。

(4)学会应对敲诈、恐吓、性侵害等突发事件的基本技能。

模块二：预防和应对公共卫生事故。

(1)了解重大传染病和食物中毒、生活水污染的知识及基本的预防、急救、处理常识；了解简单的用药安全知识。

(2)了解青春期常见问题的预防与处理；形成维护生殖健康的责任感。

(3)了解艾滋病的基本常识和预防措施，形成自我保护意识。

(4)学习识别毒品的知识和方法，拒绝毒品和烟酒的诱惑。

(5)了解和分析影响生命与健康的可能因素。

模块三：预防和应对意外伤害事故。

(1)增强自觉遵守交通法规的意识；主动分析出行时存在的安全隐患，

---

① 中小学公共安全教育指导纲要．全国中小学生交通安全教育网·政策文件，2010-04-16

寻求解决方法；防止因违章而导致交通事故的发生。

（2）正确使用各种设施，具备防火、防盗、防触电及防煤气中毒的知识技能。

（3）了解和积极预防在校园活动中可能发生的公共安全事故，提高自我保护和求助及逃生的基本技能。

模块四：预防和应对网络、信息安全事故。

（1）自觉遵守与信息活动相关的各种法律法规，抵制网络上各种不良信息的诱惑，提高自我保护和预防违法犯罪的意识。

（2）合理利用网络，学会判断和有效拒绝的技能，避免迷恋网络带来的危害。

模块五：预防和应对自然灾害。

（1）学会冷静应对自然灾害事件，提高在自然灾害事件中自我保护和求助及逃生的基本技能。

（2）了解曾经发生在我国的重大自然灾害，认识人类活动与自然灾害之间的关系，增强环境保护意识和生态意识。

模块六：预防和应对影响学生安全的其他事件。

（1）了解校园暴力造成的危害，学习应对的方法。

（2）学会克服青春期的烦恼，逐步学会调节和控制自己的情绪，抑制自己的冲动行为。

（3）学会在与人交往中有效保护自己的方法，构筑起坚固的自我心理防线。

**高中年级公共安全教育的内容重点为：**

模块一：预防和应对社会安全类事故或事件。

（1）自觉遵守与生活紧密相关的各种行为规范。

（2）了解考试泄密、违规的相关法律常识。养成维护考试纪律和规范的良好行为习惯。

（3）自觉抵制影响和危害社会公共安全的活动，提高社会责任感和国家意识。

（4）基本理解国际政治、经济、宗教冲突现象，努力维护国家和社会的稳定与团结。

（5）继承和发扬中华民族传统优秀文化，汲取其他国家文化的精华，抵制不良文化习俗的影响。

模块二：预防和应对公共卫生事故。

(1)基本掌握和简单运用突发公共卫生事件卫生应急的相关技能，进行自救、自护。有报告事件的意识和了解报告的途径和方法。

(2)掌握亚健康的基本知识和预防措施，了解应对心理危机的方法和救助渠道，促进个体身心健康发展。

(3)掌握预防艾滋病的基本知识和措施，正确对待艾滋病毒感染者。

(4)自觉抵制不良生活习惯，具备洁身自好的意识和良好的卫生公德。

(5)了解有关禁毒的法律常识，拒绝毒品诱惑。

(6)学习健康的异性交往方式，学会用恰当的方法保护自己，预防性侵害。当遭到性骚扰时，要用法律保护自己。

模块三：预防和应对网络、信息安全事故。

(1)树立网络交流中的安全意识，养成良好的利用网络习惯，提高网络道德素养。

(2)树立不利用网络发送有害信息或进行反动、色情、迷信等宣传活动以及窃取国家、教育行政部门和学校保密信息的牢固意识。

模块四：预防和应对自然灾害。

(1)基本掌握在自然灾害中自救的各种技能，学习紧急救护他人的基本技能。

(2)了解有关环境保护的法律法规；能结合当地实际情况，为保护和改善自然环境做贡献。

模块五：预防和应对影响学生安全的其他事件。

(1)自觉抵制校园暴力，维护自己和同学的生命安全。

(2)树立正确的安全道德观念，在关注自身安全的同时，去关注他人的安全，并提供力所能及的援助。

**(2)严守中学安全管理制度，切实增强应对危机的处理能力**

严格遵守中学的安全管理制度，是教师做好安全保障工作的必要条件。中学安全管理制度种类繁多，主要包括门卫制度、饮食卫生制度、寝室安全制度、交通安全制度、消防安全制度等。教师要严格执行各类安全管理制度，明确和充实工作岗位责任的内容；将每个岗位的安全责任逐条细化，分解落实到人，落实到每项工作、每个环节，并层层签订安全责任书，张贴公布，时刻警醒，接受监督。

🔍 **他山之石**

## 宜宾县学校安全稳定工作管理常规①

一是强化门卫护校管理。要求各校要健全并认真执行门卫制度，对进出校门的所有外来人员、车辆严格盘查、登记。对学生在行课期间必须严格请假管理，严禁学生和校外人员随意进出校门。

二是强化课堂教学安全管理。任课教师对课堂教学全过程中的学生安全具体负责。实验室、图书阅览室、多媒体教室、实习（实训）等场所的安全由其管理人员具体负责。

三是强化课间安全管理。值周（日）组对课间管理具体负责，学生到校后，应有教职工巡视、监管。课间休息时，学校值周（日）组要加强对学生集中的地方、偏僻的角落和特殊时段（午休、下午放学、晚自习后）的轮流巡视，一旦出现异常情况，及时处置。

四是强化寝室安全管理。学校要有校领导和专门人员负责寄宿制学生管理，学校要建立完善的寝室日常管理、值班巡查、清洁卫生、女生安全、火灾防范等各项管理制度并认真执行，学校要对学生宿舍的床、电路、天然气管道、消防等设施进行不定期检查，以保证其处于安全状态。

五是强化上学、放学途中安全管理。学校要与学生家长签定学生在上学和放学途中的安全责任书，学校要以班为单位建立"路长制"，明确"路长"的职责，以期对学生上学、放学情况能及时详细的了解和掌握。

六是强化校舍设备设施的安全管理。校舍、围墙、消防、高压容器、防雷等设备设施的管理由总务处具体负责，要不定期进行检查，特种设备和防雷设施要根据相关规定定期进行检测。

七是强化饮食卫生安全管理。建立健全学校饮食卫生安全工作责任制，加强日常监督管理。坚持实行食堂、小卖部购物索证、登记、试尝、留样等制度，严禁出售"三无"产品和过期食品，完善检查制度。食堂、小卖部、必须取得卫生部门核发的卫生许可证，从业人员必须持健康证上岗。

八是强化传染病防控管理。坚持学生晨检、缺课学生登记、因病缺课

---

① 朱俊聪．四川宜宾：安全常规为学校安全插上"保险栓"．中国教育新闻网·国内新闻，2010-01-25

学生跟踪、传染病报告制度和幼儿、小学新生入园、入学预防接种证的查验登记制度。对学生因病请假，发现传染病，应本着"早发现、早报告、早隔离、早治疗"的原则处置。

九是强化预警和应急管理。建立健全学校安全事故预测、预防和预警机制，完善突发事件应急预案，并加以演练。学校在发生安全事故或重大危险逼近时，要立即启动突发应急预案，紧急动员全部力量迅速开展救援、处置工作。

在做好常规的安全管理工作之外，中学教师还要有忧患意识，随时面对和处理各种危及学生安全的突发事件，这就要求中学教师要自觉增强其应对危机的处理能力。我国《中小学幼儿园安全管理办法》第四十五条规定："学校应当制定教职工安全教育培训计划，通过多种途径和方法，使教职工熟悉安全规章制度、掌握安全救护常识，学会指导学生预防事故、自救、逃生、紧急避险的方法和手段。"在这一方面，中学校长要定期组织教职工学习相关的安全文件、通知和法律法规，让教职工明确日常安全管理的要求、对学生安全教育的内容、事故的处理办法，分析和讨论中学典型安全事故案例，以切实增强教师对安全事故后果的预见能力，同时探讨预防事故发生的措施。在此基础上，中学可以形成一定的应对危机的训练机制，有组织、有计划、有步骤，将处理危机的程序和要求化作教师教育的内容。在这个过程中，教师要学会冷静应对地震、洪水等自然灾害事件，掌握在自然灾害中自救的各种技能，学习紧急救护他人的基本技能。如面对案例二中的地震，教师的正确做法应该是立即组织学生迅速撤离至操场等安全场所，而非教师自己惊慌失措先行逃生却扔下学生们在教室中自求多福。

(3)提高教师责任意识，做好学生安全的细节工作

细节决定成败。提高中学教师责任意识，可以从点滴小事做起，勿以善小而不为，以防患于未然。其一，教师要关注易被忽视的地段和时间段，不给安全事故隐患留死角。教师要定期或不定期检查教室内电器是否安全，电线是否有裸露的地方，户外活动的防护措施是否到位，体育器材是否存在安全隐患，等等。只有这样逐一排查，才能将安全隐患消灭在萌芽状态。其二，班主任可以出台班级安全制度细则，组建班级安全联防小组，小组长负责掌握小组成员在课堂、课余、就餐过程中的突发状况，并注意排解小组成员之间或与他人的矛盾纠纷，并将情况及时上报班主任处理，防止

学生冲突演变为校园暴力。其三，加强家校合作，保证每一个安全环节不会脱钩，实现家庭教育与学校教育的无缝对接，形成学生安全教育的合力。教师可以通过家校联系册、家访等方式，及时与家长沟通、了解学生的思想动态、行为变化，以控制和消除包括校园暴力在内的学生不安全行为的诱因；班主任也可以按需举行家长会，将其作为通报与批评学生的危险行为、控制校园暴力的发生与发展、预防学生受到不法侵害的平台，并在充分听取家长意见的基础上制定相应安全防范对策。

2. 实施安全教育，积极预防学生安全事故的发生

预防为主，是学生安全教育的基本方针。"隐患险于明火，防范胜于救灾""凡事预则立，不预则废"等名言警句充分说明安全预防工作的重要性。在中学生安全管理过程中，教师只有做好预防工作，才能最大限度地保护学生的安全。

(1)实施安全教育，保障学生生命安全

安全教育包括思想教育、安全知识教育、典型安全经验和事故教训教育等。中学教师在学校安全教育中，不仅仅是让学生知道安全事故如何发生，还要教会他们如何预防和面对安全事故。中学教师平时要多对学生进行必要的安全常识宣传，组织学生观看《地震来了怎么办》《应对地震灾害——公众自救互救常识》等安全教育视频，并传授紧急状态下的逃生避险技能，这些都是安全教育不可缺少的重要途径。心理学家经过测试证明，一个没有经过专门震灾训练的人，面对突如其来的地震必然产生恐惧和惊慌，是很难逃过一劫的。所以，教师还需要积极组织学生开展安全演练活动，每学期都要组织班级学生开展火灾、地震、洪灾等紧急疏散演练活动一到两次，并具体规定班级学生如何出教室门、从哪个楼梯疏散等。中学教师通过开展安全主题活动，让学生在活动中习得安全之法，在活动中普及安全防范常识，在活动中提高安全意识，在活动中筑起坚固的安全堤坝，就可以最大限度地保障学生的生命安全。

## 🔍 他山之石

### 负起保护学生生命重任①

四川安县桑枣中学紧邻北川，在汶川大地震中也遭遇重创，但由于平时的多次演习，地震发生后，全校2200多名学生、上百名教师，从不同的教学楼和不同的教室中，全部冲到操场，无一伤亡，创造了一大奇迹。

提及桑枣中学创造的奇迹，人们当然不会忘记校长叶志平多年来为学校安全所付出的心血。同时更要归功于该校每学期组织一次的紧急疏散演习。其成功经验是：

其一，强烈的避险意识。叶志平自觉地把学生的生命安全看得高于一切，其强烈的避险意识从下面这一细节中可见一斑：对新建的楼，他不放心外墙贴的大理石面，认为只粘一下不行，怕掉下来砸到学生。他让施工者每块大理石板都打四个孔，然后用四个金属钉挂在外墙上，再粘好，做好"干挂"。因此，即使是如前些天的大地震，教学楼的大理石墙面，没有掉下来一块。他之所以组织学生进行紧急疏散演习，也正是基于这种强烈的避险意识。

其二，严谨的工作作风。每次组织紧急疏散演习都按照预先制订的方案一步不漏地进行，诸如两个班疏散时合用一个楼梯，每班必须排成单行；教室座位是9列8行，前4行从前门撤离，后4行从后门撤离；哪个班该走哪条通道，甚至连在二楼、三楼教室里的学生要跑得快些，以免堵塞逃生通道；在四楼、五楼的学生要跑得慢些，否则会在楼道中造成人流拥堵，这类细枝末节都考虑和安排好了。每次演习之所以能做到按部就班、丝丝入扣，道理只有一个，即不把演习当儿戏，而是动真格。

其三，执著的求实精神。把紧急疏散演习当作一项学校安全的常规工作去坚持做的。每学期组织一次，而且一做就是四年。哪怕遭到学生的反对，教师的不解，叶校长也照做不误。

汶川大地震用血淋淋的事实告诉人们，学生安全高于一切，所有学校都要把学生安全工作放在重中之重的地位，牢固树立以人为本的思想。向

---

① 王学进．负起保护学生生命重任．中国教育报，2008-06-03

叶志平校长学习，我们从现在开始就必须把突发事件防范等安全工作抓实抓细，切实负起保护学生生命的重任。

(2)整合多方力量，构筑学生安全防线

中学生安全隐患既有校外因素，也有校内因素。因此，中学教师需要整合多方面力量，以构筑学生安全防线，共同创造安全健康的学生成长环境。其一，配合学校抓好学生日常行为规范的纪律教育，建立健全的安全制度，采取相应的管理措施，预防和消除教育教学环境中存在的安全隐患。其二，建立起一支由老师和学生共同组成的校园巡逻队。校园巡逻队主要职责是在学生上下学期间，在校园周边巡逻，重点关注网吧、游戏厅、出租店、歌舞厅等容易导致严重安全隐患场所是否有在校学生进入，防止无关社会闲散人员、不法分子进入学校，规劝其远离学校范围。如面临前述案例三中不法分子伤害学生的情形时，校园巡逻队就可以集体将不法分子制服，而不需要像陆荣飞老师那样被迫单打独斗。其三，约请校外的专业人员来学校作报告、作示范。如请交警作有关交通安全方面的报告，请防疫站人员作有关饮食安全方面的报告，请司法人员作有关守法及违法犯罪等方面的报告，请医务人员传授有关在危急时候如何自救及救人的知识……这些报告，可以进一步提高学生们安全出行、遵纪守法的自觉性，提高学生自我保护的能力。其四，牵手司法部门，教育学生遵纪守法，防范校园暴力。学校可以与司法部门联合，开展一些类似"我与父母共学法"的活动，选择一些发生在校园周边的有关青少年违法犯罪的典型案例印发给学生，让学生带回家，与家长共同学习。这些活生生的例子，既能给在校学生敲响了遵纪守法的警钟，也可以提醒家长增强对孩子安全的责任心。

3. 对学生进行生命教育，增强学生自我保护能力

中学生在现实生活中的安全知识比较贫乏，自我保护意识和能力较差，在遇到安全问题时，常感到手足无措或处理失当，从而容易给中学生的安全带来极大的隐患。因此，需要提高中学生的安全防范意识与能力，牢固树立安全第一、关爱生命、尊重生命的思想，使其掌握相应的自我保护技能，以避免发生不必要的安全事故。

(1)开展生命教育，提高学生的自我保护意识与能力

生命教育是指通过对学生进行生命的孕育、生命的发展、生命价值的

引导和教育，让学生对自己和他人的生命抱有珍惜和尊重的态度，并让学生在受教育的过程中，培养对社会及他人的爱心，使学生在价值观、人格等方面获得全面发展。生命教育的缺失是中学校园暴力频发的重要原因之一，许多校园暴力的施害者都是因为漠视他人的生命而做出伤害他人的事。

对中学生进行生命教育，可通过以下途径进行：其一，开设心理辅导课及珍爱生命教育校本课程，内容主要包括生活中的医学常识、中学生自护自救常识、学生常见病预防、交通安全、校园伤害预防等。其二，开展安全自护自救教育，举行形式多样、注重学生参与性的"珍爱生命，预防伤害"的活动，教授学生抗暴御辱、应对危险的方法，提高学生抗非安全因素的能力；教育中学生做到"四个远离"，即远离毒品、远离淫秽物品、远离网络暴力、远离社会不法人员；告知排除安全隐患的途径，例如，根据校园暴力的级别，可以汇报老师、向家长反映、联系校内保安人员、打110报警电话等。其三，进行青春期教育，让中学生学会控制自己的情绪与冲动。尤其要注重教授女学生青春期知识和安全防范知识，有效防止受到性骚扰和性侵害。依据事故倾向性理论，教师要重点关注部分有暴力倾向的中学生，避免他们将日常冲突演变上升为校园暴力事件、学生伤害事件。

(2)遵循学生发展规律，关爱学生生命状态

保护中学生生命安全，贯彻以生为本的教育宗旨，需要尊重学生生命尊严与现实需要。这就要求教师要坚持以下原则：其一，身心并重原则。保护学生生命安全，这意味着要将学生身体安全和心理安全须放到同等重要的地位。中学生心理受到伤害，往往情绪低落、精神恍惚，这时候的判断能力和安全自我保护能力都急剧下降，最容易造成安全问题。许多校园暴力的发生，也与心理伤害和心理疾病紧密相关。其二，适度原则。保护学生生命安全，并不意味着时时处处都要对学生行动加以限制以防止事故发生。在实施安全化的过程中应当警惕过度的安全化，更不能以牺牲学生的生命活力为代价来换取所谓的绝对安全，限制学生参加各种体育活动、实践活动。安全保护制度和措施，应该自然地浸透在各种教育教学活动之中，润物细无声。过多的禁止性规定容易压抑中学生的天性，并扼杀其丰富的想象力和创新精神。其三，特殊保护原则。对于一些易发学生安全隐患、特殊人群，教师要予以特别关注。中学教师要采取各种措施，关爱中

学女生的人身安全，防止女生受到性侵害；对于非住宿的中学生，教师要特别关注其交通安全；对于自闭自卑的中学生，教师要依据积极心理学进行正面教育以防学生自暴自弃、自伤自残等。总之，在保护学生安全方面，教师也要实行因材施教，做到以生为本。

# 国务院关于加强教师队伍建设的意见

国发〔2012〕41 号

各省、自治区、直辖市人民政府，国务院各部委、各直属机构：

教师是教育事业发展的基础，是提高教育质量、办好人民满意教育的关键。党中央、国务院历来高度重视教师队伍建设。改革开放特别是党的十六大以来，各地区各有关部门采取一系列政策措施，大力推进教师队伍建设，取得显著成绩。同时也要看到，当前我国教师队伍整体素质有待提高，队伍结构不尽合理，教师管理体制机制有待完善，农村教师职业吸引力亟待提升。为深入实施科教兴国战略和人才强国战略，进一步加强教师队伍建设，现提出以下意见：

## 一、加强教师队伍建设的指导思想、总体目标和重点任务

（一）**指导思想**。高举中国特色社会主义伟大旗帜，以邓小平理论和"三个代表"重要思想为指导，深入贯彻科学发展观，全面贯彻党的教育方针，认真落实教育规划纲要和人才规划纲要，遵循教育规律和教师成长发展规律，把促进学生健康成长作为教师工作的出发点和落脚点，围绕促进教育公平、提高教育质量的要求，加强教师工作薄弱环节，创新教师管理体制机制，以提高师德素养和业务能力为核心，全面加强教师队伍建设，为教育事业改革发展提供有力支撑。

（二）**总体目标**。到 2020 年，形成一支师德高尚、业务精湛、结构合理、充满活力的高素质专业化教师队伍。专任教师数量满足各级各类教育发展需要；教师队伍整体素质大幅提高，普遍具有良好的职业道德素养、先进的教育理念、扎实的专业知识基础和较强的教育教学能力；教师队伍

的年龄、学历、职务(职称)、学科结构以及学段、城乡分布结构与教育事业发展相协调;教师地位待遇不断提高,农村教师职业吸引力明显增强;教师管理制度科学规范,形成富有效率、更加开放的教师工作体制机制。

(三)**重点任务**。幼儿园教师队伍建设要以补足配齐为重点,切实加强幼儿园教师培养培训,严格实施幼儿园教师资格制度,依法落实幼儿园教师地位待遇;中小学教师队伍建设要以农村教师为重点,采取倾斜政策,切实增强农村教师职业吸引力,激励更多优秀人才到农村从教;职业学校教师队伍建设要以"双师型"教师为重点,完善"双师型"教师培养培训体系,健全技能型人才到职业学校从教制度;高等学校教师队伍建设要以中青年教师和创新团队为重点,优化中青年教师成长发展、脱颖而出的制度环境,培育跨学科、跨领域的科研与教学相结合的创新团队;民族地区教师队伍建设要以提高政治素质和业务能力为重点,加强中小学和幼儿园双语教师培养培训,加快培养一批边疆民族地区紧缺教师人才;特殊教育教师队伍建设要以提升专业化水平为重点,提高特殊教育教师培养培训质量,健全特殊教育教师管理制度。

## 二、加强教师思想政治教育和师德建设

(四)**全面提高教师思想政治素质**。坚持和完善理论学习制度,创新理论学习的方式和载体,加强中国特色社会主义理论体系教育,不断提高教师的理论修养和思想政治素质。推动教师在社会实践活动中进一步了解国情、社情、民情。开辟思想政治教育新阵地,建立教师思想状况定期调查分析制度,坚持解决思想问题与解决实际困难相结合,增强思想政治工作的针对性和实效性。确保教师坚持正确政治方向,践行社会主义核心价值体系,遵守宪法和有关法律法规,坚持学术研究无禁区、课堂讲授有纪律,帮助和引领学生形成正确的世界观、人生观和价值观。

(五)**构建师德建设长效机制**。建立健全教育、宣传、考核、监督与奖惩相结合的师德建设工作机制。开展各种形式的师德教育,把教师职业理想、职业道德、学术规范以及心理健康教育融入职前培养、准入、职后培训和管理的全过程。加大优秀师德典型宣传力度,促进形成重德养德的良好风气。研究制定科学合理的师德考评方式,完善师德考评制度,将师德建设作为学校工作考核和办学质量评估的重要指标,把师德表现作为教师

资格定期注册、业绩考核、职称评审、岗位聘用、评优奖励的首要内容，对教师实行师德表现一票否决制。完善学生、家长和社会参与的师德监督机制。完善高等学校科研学术规范，健全学术不端行为惩治查处机制。对有严重失德行为、影响恶劣者按有关规定予以严肃处理直至撤销教师资格。

### 三、大力提高教师专业化水平

**（六）完善教师专业发展标准体系**。根据各级各类教育的特点，出台幼儿园、小学、中学、职业学校、高等学校、特殊教育学校教师专业标准，作为教师培养、准入、培训、考核等工作的重要依据。制定幼儿园园长、普通中小学校长、中等职业学校校长专业标准和任职资格标准，提高校长（园长）专业化水平。制定师范类专业认证标准，开展专业认证和评估，规范师范类专业办学，建立教师培养质量评估制度。

**（七）提高教师培养质量**。完善师范生招生制度，科学制定招生计划，确保招生培养与教师岗位需求有效衔接，实行提前批次录取，选拔乐教适教的优秀学生攻读师范类专业。发挥教育部直属师范大学师范生免费教育的示范引领作用，鼓励支持地方结合实际实施师范生免费教育制度。探索建立招收职业学校毕业生和企业技术人员专门培养职业教育师资制度。扩大教育硕士、教育博士招生规模，培养高层次的中小学和职业学校教师。创新教师培养模式，建立高等学校与地方政府、中小学（幼儿园、职业学校）联合培养教师的新机制，发挥好行业企业在培养"双师型"教师中的作用。加强教师养成教育和教育教学能力训练，落实师范生教育实践不少于一学期制度。鼓励综合性大学毕业生从事教师职业。

**（八）建立教师学习培训制度**。实行五年一周期不少于 360 学时的教师全员培训制度，推行教师培训学分制度。采取顶岗置换研修、校本研修、远程培训等多种模式，大力开展中小学、幼儿园教师特别是农村教师培训。完善以企业实践为重点的职业学校教师培训制度。推进高等学校中青年教师专业发展，建立高等学校中青年教师国内访学、挂职锻炼、社会实践制度。加大民族地区双语教师和音乐、体育、美术等师资紧缺学科教师培训。加强校长培训，重视辅导员和班主任培训。推动信息技术与教师教育深度融合，建设教师网络研修社区和终身学习支持服务体系，促进教师自主学习，推动教学方式变革。继续实施"幼儿园和中小学教师国家级培训计划"、

"职业院校教师素质提高计划"。

**（九）完善教师培养培训体系**。构建以师范院校为主体、综合大学参与、开放灵活的中小学教师教育体系。依托相关高等学校和大中型企业，共建职业学校"双师型"教师培养培训体系。推动高等学校设立教师发展中心。依托现有资源，加强中小学幼儿园教师、职业学校教师、特殊教育教师、民族地区双语教师培养培训基地建设。推动各地结合实际，规范建设县（区）域教师发展平台。

**（十）培养造就高端教育人才**。实施中小学名师名校长培养工程。制定普通中小学、中等职业学校校长负责制实施细则，探索校长职级制。改进特级教师评选和管理工作，更好发挥特级教师的示范带动作用。坚持培养与引进兼顾，教学与科研并重，加强高等学校高层次创新型人才队伍建设。实施好"千人计划"、"长江学者奖励计划"和"创新团队发展计划"等人才项目，造就集聚一批具有国际影响的学科领军人才和高水平的教学科研创新团队。落实和扩大学校办学自主权，支持鼓励教师和校长在实践中大胆探索，创新教育思想、教育模式和教育方法，形成教学特色和办学风格，造就一批教育家，倡导教育家办学。

## 四、建立健全教师管理制度

**（十一）加强教师资源配置管理**。逐步实行城乡统一的中小学教职工编制标准，对农村边远地区实行倾斜政策。研究制定高等学校教职工编制标准。完善学校编制管理办法，健全编制动态管理机制，严禁挤占、挪用、截留教师编制。国家出台幼儿园教师配备标准，各地结合实际合理核定公办幼儿园教职工编制。建立县（区）域内义务教育学校教师校长轮岗交流机制，促进教师资源合理配置。大力推进城镇教师支持农村教育，鼓励支持退休的特级教师、高级教师到农村学校支教讲学。

**（十二）严格教师资格和准入制度**。修订《教师资格条例》，提高教师任职学历标准、品行和教育教学能力要求。全面实施教师资格考试和定期注册制度。完善符合职业教育特点的职业学校教师资格标准。健全新进教师公开招聘制度，探索符合不同学段、专业和岗位特点的教师招聘办法。继续实施并逐步完善农村义务教育阶段学校教师特设岗位计划，探索吸引高校毕业生到村小学、教学点任教的新机制。

**（十三）加快推进教师职务（职称）制度改革**。分类推进教师职务（职称）制度改革，完善符合各类教师职业特点的职务（职称）评价标准。建立统一的中小学教师职务（职称）系列，探索在职业学校设置正高级教师职务（职称）。研究完善符合村小学和教学点实际的职务（职称）评定标准，职务（职称）晋升向村小学和教学点专任教师倾斜。城镇中小学教师在评聘高级职务（职称）时，要有一年以上在农村学校或薄弱学校任教经历。支持符合条件的职业学校和高等学校兼职教师申报相应系列教师专业技术职务。

**（十四）全面推行聘用制度和岗位管理制度**。根据分类推进事业单位改革的总体部署，按照按需设岗、竞聘上岗、按岗聘用、合同管理的原则，完善以合同管理为基础的用人制度，实现教师职务（职称）评审与岗位聘用的有机结合，完善教师退出机制。鼓励普通高中聘请高等学校、科研院所和社会团体等机构的专业人才担任兼职教师。完善相关人事政策，鼓励职业学校和高等学校聘请企业管理人员、专业技术人员和高技能人才等担任专兼职教师。探索更加有利于促进协同创新、持续创新的高等学校人事管理办法。完善外籍教师管理办法，吸引更多世界一流的专家学者来华从事教学、科研和管理工作，有计划地引进海外高端人才和学术团队。

**（十五）健全教师考核评价制度**。完善重师德、重能力、重业绩、重贡献的教师考核评价标准，探索实行学校、学生、教师和社会等多方参与的评价办法，引导教师潜心教书育人。严禁简单用升学率和考试成绩评价中小学教师。根据不同类型教师的岗位职责和工作特点，完善高等学校教师分类管理和评价办法；健全大学教授为本科生上课制度，把承担本科教学任务作为教授考核评价的基本内容。加强教师管理，严禁公办、在职中小学教师从事有偿补课，规范高等学校教师兼职兼薪。

## 五、切实保障教师合法权益和待遇

**（十六）完善教师参与治校治学机制**。建立健全教职工代表大会制度，保障教职工参与学校决策的合法权利。完善中小学学校管理制度，发挥好党组织的领导核心和政治核心作用，健全校长负责制，实行校务会议等制度，完善教职工参与的科学民主决策机制。完善中国特色现代大学制度，坚持党委领导下的校长负责制，探索教授治学的有效途径，充分发挥教授在教学、学术研究以及学校管理中的作用。完善教师人事争议处理途径，依法维护教师权益。

**（十七）强化教师工资保障机制**。依法保证教师平均工资水平不低于或者高于国家公务员的平均工资水平，并逐步提高，保障教师工资按时足额发放。健全符合教师职业特点、体现岗位绩效的工资分配激励约束机制。进一步做好义务教育学校教师绩效工资实施工作，按照"管理以县为主、经费省级统筹、中央适当支持"的原则，确保绩效工资所需资金落实到位。对长期在农村基层和艰苦边远地区工作的教师，实行工资倾斜政策。推进非义务教育教师绩效工资实施工作。

**（十八）健全教师社会保障制度**。按照事业单位改革的总体部署，推进教师养老保障制度改革，按规定为教师缴纳社会保险费及住房公积金。中央在基建投资中安排资金，支持加快建设农村艰苦边远地区学校教师周转宿舍。鼓励地方政府将符合条件的农村教师住房纳入当地住房保障范围统筹予以解决。

**（十九）完善教师表彰奖励制度**。探索建立国家级教师荣誉制度。继续做好全国模范教师和全国教育系统先进工作者表彰工作，对在农村地区长期从教、贡献突出的教师加大表彰奖励力度。定期开展教学名师奖评选，重点奖励在教学一线作出突出贡献的优秀教师。研究完善国家级教学成果奖。鼓励各地按照国家有关规定开展教师表彰奖励工作。

**（二十）保障民办学校教师权益**。建立健全民办学校教师管理相关制度，依法保障和落实民办学校教师在培训、职务（职称）评审、教龄和工龄计算、表彰奖励、社会活动等方面与公办学校教师享有同等权利。民办学校应依法聘用教师，明确双方权利义务，及时兑现教师工资待遇，按规定为教师足额缴纳社会保险费和住房公积金。鼓励民办学校为教师建立补充养老保险、医疗保险。

## 六、确保教师队伍建设政策措施落到实处

**（二十一）加强组织领导**。各级人民政府要切实加强对教师工作的组织领导，把教师队伍建设列入重要议事日程抓实抓好。完善部门沟通协调机制，形成责权明确、分工协作、齐抓共管的工作格局，及时研究解决教师队伍建设中的突出矛盾和重大问题。教育行政部门要加强对教师队伍建设的统筹管理、规划和指导，制定相关政策和标准。机构编制、发展改革、

财政、人力资源社会保障等有关部门要在各自职责范围内，积极推进教师队伍建设有关工作。鼓励和引导社会力量参与支持教师队伍建设。

**(二十二)加强经费保障**。各级人民政府要加大对教师队伍建设的投入力度，新增财政教育经费要把教师队伍建设作为投入重点之一，切实保障教师培养培训、工资待遇等方面的经费投入。教师培训经费要列入财政预算。幼儿园、中小学和中等职业学校按照年度公用经费预算总额的5％安排教师培训经费；高等学校按照不同层次和规模情况，统筹安排一定的教师培训经费。切实加强经费监管，确保专款专用，提高经费使用效益。

**(二十三)加强考核督导**。要把教师队伍建设情况作为各地区各有关部门政绩考核、各级各类学校办学水平评估的重要内容，作为评优评先、表彰奖励的重要依据。建立教师工作定期督导检查制度，把教师队伍建设情况作为教育督导的重要内容，并公告督导结果，推动各项政策措施落实到位。

国务院

2012 年 8 月 20 日

# 教育部关于建立健全
# 中小学师德建设长效机制的意见

教师〔2013〕10 号

各省、自治区、直辖市教育厅（教委），新疆生产建设兵团教育局，部属师范大学：

　　教师是教育的根本，师德是教师的灵魂。长期以来，全国广大中小学教师教书育人，敬业奉献，为我国教育事业改革和发展作出了重要贡献，赢得了全社会的广泛赞誉和普遍尊重。但是，近年来极少数教师严重违反师德的现象时有发生，引起社会广泛关注，损害了教师队伍的整体形象。为贯彻落实《国务院关于加强教师队伍建设的意见》，以社会主义核心价值体系为引领，充分尊重教师主体地位，大力弘扬高尚师德，切实解决当前出现的师德突出问题，引导教师立德树人，为人师表，不断提升人格修养和学识修养，努力建设一支师德高尚、业务精湛、结构合理、充满活力的中小学教师队伍。现就建立健全教育、宣传、考核、监督与奖惩相结合的中小学师德建设长效机制提出如下意见：

　　**一、创新师德教育，引导教师树立远大职业理想。**将师德教育纳入教师教育课程体系。师范生培养必须开设师德教育课程，新任教师岗前培训开设师德教育专题，在职教师培训把师德教育作为重要内容，记入培训学分。重视法制教育、心理健康教育和民族团结教育。创新师德教育内容、模式和方法，突出针对性和实效性。采取实践反思，师德典型案例评析，情景教学等丰富师德教育形式，把教书育人楷模、一线优秀教师等请进课堂，用优秀教师的感人事迹诠释师德内涵。结合教育教学、社会实践活动开展师德教育，切实增强师德教育效果。

**二、加强师德宣传，营造尊师重教社会氛围。**将师德宣传作为教育行政部门和学校重点工作。坚持正确舆论导向，大力宣传教师的地位和作用，让全社会广泛了解教师工作的重要性和特殊性。大力树立和宣传优秀教师先进典型，通过组织举办形式多样、务实有效的活动，深入宣传优秀教师先进事迹，充分展现当代教师的精神风貌，弘扬高尚师德，弘扬主旋律，增强正能量。针对师德建设中出现的热点、难点问题，要及时应对并加以引导。充分利用教师节等重大节庆日、纪念日的契机，联合电视、广播、报纸、网络等多种媒体集中宣传优秀教师先进事迹，努力营造尊师重教的浓厚社会氛围。

**三、严格师德考核，促进教师自觉加强师德修养。**将师德考核作为教师考核的核心内容，摆在首要位置。各级教育行政部门要制定师德考核办法，学校制定具体的实施细则。师德考核应充分尊重教师主体地位，符合教师职业性质，促进教师专业发展；坚持公平、公正、公开原则；采取教师个人自评、家长和学生参与测评、考核工作小组综合评定等多种方式进行。考核结果一般分为优秀、合格、基本合格、不合格四个等次。考核结果公示后存入师德考核档案并报学校主管部门备案。师德考核不合格者年度考核应评定为不合格，并在教师资格定期注册、职务(职称)评审、岗位聘用、评优奖励和特级教师评选等环节实行一票否决。

**四、突出师德激励，促进形成重德养德良好风气。**将师德表彰奖励纳入教师和教育工作者奖励范围。完善师德表彰奖励制度。把师德表现作为评选教书育人楷模，模范教师、教育系统先进工作者，优秀教师、优秀教育工作者、中小学优秀班主任、中小学德育先进工作者等表彰奖励的必要条件。在同等条件下，师德表现突出的，优先评选特级教师和晋升教师职务(职称)、选培学科带头人和骨干教师。

**五、强化师德监督，有效防止失德行为。**教育行政部门和学校要建立健全师德年度评议制度，师德问题报告制度，师德状况定期调查分析制度和师德舆情快速反应制度，及时研究加强和改进师德建设的政策和措施。构建学校、教师、学生、家长和社会广泛参与的师德监督体系。教育行政部门和学校要建立行之有效的多种形式的师德投诉、举报平台，及时获取掌握师德信息动态，及时发现并纠正不良倾向和问题，将违反师德行为消除在萌芽状态。要将师德建设纳入教育督导评估体系。

六、规范师德惩处，坚决遏制失德行为蔓延。建立健全违反师德行为的惩处制度。依据有关法律法规和《中小学教师职业道德规范》，教育部研究制定《中小学教师违反职业道德行为处理办法》，明确教师不可触犯的师德禁行性行为，并提出相应处理办法。对危害严重、影响恶劣者，要坚决清除出教师队伍。建立问责制度。对教师严重违反师德行为监管不力、拒不处分、拖延处分或推诿隐瞒，造成不良影响或严重后果的，要追究学校或教育主管部门主要负责人的责任。对涉及违法犯罪的要及时移交司法部门。

七、注重师德保障，将师德建设工作落到实处。建立师德建设领导责任制度。地方各级教育行政部门负责对师德建设工作的指导和监管，主要负责人是师德建设工作第一责任人，有关职责要落实到具体的职能机构和人员。各地要结合实际，制订本地师德建设规划和实施方案。充分发挥教育工会等教师行业组织在师德建设中的积极作用。中小学校要把师德建设摆在教师工作首位，贯穿于管理工作全过程。中小学校长要亲自抓师德建设。学校基层党组织、广大党员教师要充分发挥政治核心和先锋模范作用。学校教代会和群团组织紧密配合，形成加强和推进师德建设合力。

教育部

2013 年 9 月 2 日

# 中小学教师职业道德规范

## （2008 年修订）

一、爱国守法。热爱祖国，热爱人民，拥护中国共产党领导，拥护社会主义。全面贯彻国家教育方针，自觉遵守教育法律法规，依法履行教师职责权利。不得有违背党和国家方针政策的言行。

二、爱岗敬业。忠诚于人民教育事业，志存高远，勤恳敬业，甘为人梯，乐于奉献。对工作高度负责，认真备课上课，认真批改作业，认真辅导学生。不得敷衍塞责。

三、关爱学生。关心爱护全体学生，尊重学生人格，平等公正对待学生。对学生严慈相济，做学生良师益友。保护学生安全，关心学生健康，维护学生权益。不讽刺、挖苦、歧视学生，不体罚或变相体罚学生。

四、教书育人。遵循教育规律，实施素质教育。循循善诱，诲人不倦，因材施教。培养学生良好品行，激发学生创新精神，促进学生全面发展。不以分数作为评价学生的唯一标准。

五、为人师表。坚守高尚情操，知荣明耻，严于律己，以身作则。衣着得体，语言规范，举止文明。关心集体，团结协作，尊重同事，尊重家长。作风正派，廉洁奉公。自觉抵制有偿家教，不利用职务之便谋取私利。

六、终身学习。崇尚科学精神，树立终身学习理念，拓宽知识视野，更新知识结构。潜心钻研业务，勇于探索创新，不断提高专业素养和教育教学水平。

# 中小学教师违反职业道德行为处理办法

**第一条** 为规范教师职业行为，保障教师、学生的合法权益，根据《中华人民共和国教育法》《中华人民共和国未成年人保护法》《中华人民共和国教师法》《教师资格条例》等法律法规，制定本办法。

**第二条** 本办法所称中小学教师是指幼儿园、特殊教育机构、普通中小学、中等职业学校、少年宫以及地方教研室、电化教育等机构的教师。

前款所称中小学教师包括民办学校教师。

**第三条** 本办法所称处分包括警告、记过、降低专业技术职务等级、撤销专业技术职务或者行政职务、开除或者解除聘用合同。其中，警告期限为6个月，记过期限为12个月，降低专业技术职务等级、撤销专业技术职务或者行政职务期限为24个月。

**第四条** 教师有下列行为之一的，视情节轻重分别给予相应处分：

（一）在教育教学活动中有违背党和国家方针政策言行的；

（二）在教育教学活动中遇突发事件时，不履行保护学生人身安全职责的；

（三）在教育教学活动和学生管理、评价中不公平公正对待学生，产生明显负面影响的；

（四）在招生、考试、考核评价、职务评审、教研科研中弄虚作假、营私舞弊的；

（五）体罚学生的和以侮辱、歧视等方式变相体罚学生，造成学生身心伤害的；

（六）对学生实施性骚扰或者与学生发生不正当关系的；

（七）索要或者违反规定收受家长、学生财物的；

（八）组织或者参与针对学生的经营性活动，或者强制学生订购教辅资料、报刊等谋取利益的；

（九）组织、要求学生参加校内外有偿补课，或者组织、参与校外培训机构对学生有偿补课的；

（十）其他严重违反职业道德的行为应当给予相应处分的。

**第五条** 学校及学校主管教育部门发现教师可能存在第四条列举行为的，应当及时组织调查，核实有关事实。作出处理决定前，应当听取教师的陈述和申辩，听取学生、其他教师、家长委员会或者家长代表意见，并告知教师有要求举行听证的权利。对于拟给予降低专业技术职务等级以上的处分，教师要求听证的，拟作出处理决定的部门应当组织听证。

**第六条** 给予教师处分，应当坚持公正、公平和教育与惩处相结合的原则；应当与其违反职业道德行为的性质、情节、危害程度相适应；应当事实清楚、证据确凿、定性准确、处理恰当、程序合法、手续完备。

**第七条** 给予教师处分按照以下权限决定：

（一）警告和记过处分，公办学校教师由所在学校提出建议，学校主管教育部门决定。民办学校教师由所在学校决定，报主管教育部门备案。

（二）降低专业技术职务等级、撤销专业技术职务或者行政职务处分，由教师所在学校提出建议，学校主管教育部门决定并报同级人事部门备案。

（三）开除处分，公办学校教师由所在学校提出建议，学校主管教育部门决定并报同级人事部门备案；民办学校教师或者未纳入人事编制管理的教师由所在学校决定并解除其聘任合同，报主管教育部门备案。

**第八条** 处分决定应当书面通知教师本人并载明认定的事实、理由、依据、期限及救济途径等内容。

**第九条** 教师有第四条列举行为受到处分的，符合《教师资格条例》第十九条规定的，由县级以上教育行政部门依法撤销其教师资格。教师受处分期间暂缓教师资格定期注册。依据《中华人民共和国教师法》第十四条规定丧失教师资格的，不能重新取得教师资格。教师受降低专业技术职务等级处分期间不能申报高一级专业技术职务。教师受撤销专业技术职务处分期间不能重新申报专业技术职务。

**第十条** 教师不服处分决定的，可以向学校主管教育部门申请复核。对复核结果不服的，可以向学校主管教育部门的上一级行政部门提出申诉。

**第十一条** 学校及主管教育部门拒不处分、拖延处分或者推诿隐瞒造成不良影响或者严重后果的，上一级行政部门应当追究有关领导责任。

　　**第十二条**　教师被依法判处刑罚的，依据《事业单位工作人员处分暂行规定》给予撤销专业技术职务或者行政职务以上处分。教师受到剥夺政治权利或者故意犯罪受到有期徒刑以上刑事处罚的，丧失教师资格。

　　**第十三条**　省级教育行政部门应当结合当地实际情况制定实施细则，并报国务院教育行政部门备案。

　　**第十四条**　本办法自发布之日起施行。